Geest-Verlag
Verlag für engagierte Literatur

Marlies Winkelheide

Verschlungenes

Das Normale im Außergewöhnlichen und das Besondere im Normalen

Über die Arbeit mit Geschwistern von Menschen mit Behinderungen

Geleitwort von Herlinde Schneider
Vorwort von Renate Welsh

Gastbeitrag von
Dr. med. Michael Kirchner:
Gedanken zu einer Pädagogik
der Anerkennung –
im Anschluss an Janusz Korczak

Winkelheide, Marlies
Verschlungenes
Das Normale im Außergewöhnlichen
und das Besondere im Normalen
Über die Arbeit mit Geschwistern
von Menschen mit Behinderungen
Geleitwort von Herlinde Schneider
Vorwort von Renate Welsh
Gastbeitrag von
Dr. Michael Kirchner:
Gedanken zu einer Pädagogik
der Anerkennung –
im Anschluss an Janusz Korczak
Fotos von Sebastian Keber

Geest-Verlag, Vechta 2011

Lange Straße 41 a, 49377 Vechta-Langförden
Tel. 04447/856580
Geest-Verlag@t-online.de
www.Geest-Verlag.de

Druck: Geest-Verlag

ISBN 978-3-86685-307-2
Printed in Germany

Wir können alle davon lernen

Still kann man werden, wenn man sich den Schicksalen dieser jungen Menschen öffnet, die täglich als Geschwisterkind an der Seite eines schwer behinderten Bruders / einer Schwester ihren Platz suchen. Folgt man den Zahlen des statistischen Bundesamtes, so lebt jede fünfte Familie in Deutschland mit zwei oder mehr Kindern mit der Herausforderung dieser speziellen Lebensumstände – sei es durch Behinderung oder schwere chronische Krankheit eines Kindes.

Dankbarkeit erfüllt mich, wenn ich die Hingabe der Autorin spüre, die sich in Präsenz und Achtung für die Kinder zeigt. Und das seit mehr als 30 Jahren Geschwisterkinderarbeit. Räume brauchen diese Kinder. Räume, die man öffnen muss, zart und behutsam, damit auch andere dieses Sein an der Seite eines schwer behinderten Bruders / Schwester besser verstehen.

Wir können alle davon lernen und von der Lektüre dieses Buches profitieren. Sind viele von uns doch Bruder oder Schwester und haben auch wir unseren Platz im Gefüge unserer Familien gesucht und suchen ihn noch heute immer wieder in anderen Gemeinschaften.
Am Anfang steht selbstverständlich das Einlassen. Das zeigt das Buch und wird von der Autorin in ihrer Arbeit seit Langem dokumentiert. Themen des Lebens, Lebensfragen, gestellt aus der Sicht der Kleinen für die Großen.

In diesem Buch erhalten wir ausgezeichnete Anregungen: Wie nähern wir uns schwierigen Beziehungsfragen, und eine Antwort darauf können z. B. Symbole oder Karten sein. Auch das Aushandeln von Spielregeln und die Bewusstheit um die eigenen Ängste sind zentrale Elemente eines guten Miteinanders.

Mit großem Dank und Anerkennung für die engagierte Arbeit der Autorin sowie für dieses Buch und die versierte Begleitung der Initiative FamilienBande möchte ich gerne schließen.
Die Autorin leistet mit diesem Werk einen weiteren unvergleichlichen Beitrag für die Situation der Geschwisterkinder und gibt damit gleichzeitig wichtige Anregungen für alle Menschen, die in einer Gemeinschaft ihren Platz suchen.

Nürnberg, im Juli 2011
Herlinde Schneider
Leiterin FamilienBande

FamilienBande ist eine Initiative, die die Belange der Geschwisterkinder von schwer chronisch kranken oder behinderten Kindern in den Mittelpunkt stellt. Sie wurde im Jahr 2010 von dem forschenden Pharmaunternehmen Novartis ins Leben gerufen.

Die Figur von Janusz Korczak bei Tagungen

Inhaltsverzeichnis

Anstelle eines Vorworts

Renate Welsh

Tassilo war der einzige Junge unter fünfzehn Mädchen im Haus und ein Down-Syndrom-Kind. Unsere Hausmeisterin hatte ihn auf dem Körper seiner toten Mutter gefunden, als eine Bombe am letzten Kriegstag unser Haus streifte, und hatte ihn Fräulein Emma in die Arme gedrückt. Fräulein Emma war Wirtschafterin bei einem Nazi gewesen, der am selben Tag seine Frau, seine kleine Tochter und sich selbst erschossen hatte. Fräulein Emma umsorgte Tassilo liebevoll, ich sehe sie noch mit ihm auf dem Schoß vor dem Klavier sitzen und ihm vorspielen, und sehe ihn mit seinen Patschhänden in die Tasten greifen und fröhlich krähen. Er war begeistert, wenn wir ihn zum Spielen im Hof abholten, und wir waren froh, dass er nichts dagegen hatte, immer das Kind abgeben zu müssen, während wir stritten, wer von uns der Vater sein durfte. Fräulein Emma bezog uns alle in ihre fürsorgliche Freundlichkeit ein. Ein paar Jahre später kam Tassilos Vater aus der Kriegsgefangenschaft zurück, heiratete bald darauf eine schmallippige, strenge Frau und nahm Tassilo zu sich. Fräulein Emma verschwand. Tassilo hörte auf zu lachen und zu winken, wenn wir ihn auf der Stiege trafen. Er redete nicht mehr mit uns. Einmal drohte er mir mit den Fäusten. Es gab Nächte, da hallten seine Schreie durch das Haus. Wir fürchteten uns vor ihm. Manchmal sahen wir, wie die Stiefmutter Tassilo die

Straße hinaufzerrte, manchmal trottete er neben ihr her. Mit dreizehn starb er an einer Lungenentzündung.

Ich war auf einen toten Ast getreten, aus dem Baum gefallen, hatte mir den dritten Halswirbel gebrochen und lag eingegipst im Krankenhaus. Ich wollte um ein Glas Wasser bitten und sagte: „Bitte öffnen Sie das Fenster." Ich wusste, dass das ganz falsch war, aber so sehr ich mich bemühte, ich konnte die richtigen Worte nicht herausbringen. Selbst in der Erinnerung an die Panik breche ich in Schweiß aus. Noch Monate später kam es vor, dass sich mir die Sprache verweigerte, dass ich etwas anderes sagte, als ich sagen wollte.

Jakob war der Sohn vertrauter Freunde, ein wunderschönes Kind, schwerster Spastiker. „Das Kind hat kein Hirn", hatte ein feinfühlender Arzt nach der qualvollen Geburt zum Vater gesagt. Die Eltern bezogen Jakob in ihre Unternehmungen ein, meist schien er zufrieden, dass er dabei sein konnte. Mit vier Jahren starb er im Schlaf. „Traurig", sagten viele, „aber jetzt können die Eltern wieder ein normales Leben führen, müssen nicht mehr alle paar Tage bei einem Erstickungsanfall ins Krankenhaus rasen, endlich einmal eine Nacht durchschlafen. Es war ja doch eine furchtbare Belastung." Ich schluckte. Natürlich war die Situation eine furchtbare Belastung. Und dass diese furchtbare Belastung wegfiel, war eine noch weit furchtbarere Belastung. Aber es machte mich wütend, dass Menschen, die ich schätzte, nicht verstanden, dass Jakob weit mehr für seine Eltern gewesen war als nur eine extrem fordernde Situation, und es machte mich hilflos wütend, dass ich mich völlig außerstande fühlte, Worte dafür zu finden.

Das waren keineswegs alle, aber die für mich wichtigsten Erfahrungen mit Behinderung, bevor Marlies Winkelheide mich einlud zu ihren Seminaren mit Geschwistern behinderter Kinder, die einige Jahre lang ein wesentlicher Fixpunkt in meinem Leben wurden. Ich habe sie an den Anfang dieses Vorworts gestellt, weil ich glaube, dass die eigenen Erfahrungen mit einem Thema unsere Wahrnehmung entscheidend prägen. Ich bin überzeugt, dass es nicht möglich ist, über Behinderung in welchem Zusammenhang auch immer nachzudenken, ohne sich der eigenen Angst davor zu stellen, und diese Angst schwingt wohl unbewusst am stärksten mit, wenn die Behinderung Menschen betrifft, die einen so sehr spiegeln wie der eigene Bruder, die eigene Schwester. Du bist wie ich und doch nicht ich, dieses ewige Problem jeder lebendigen Beziehung tritt hier deutlicher, schärfer, auch schmerzlicher und fordernder zutage als sonst. Gerade deshalb kann es auch, wie die Fallbeispiele zeigen, ein inneres Wachstum fördern, das sonst vielleicht nicht möglich gewesen wäre.

Was mich am meisten berührt hat, ist die große Ehrlichkeit in der Auseinandersetzung, und zwar nicht nur die der Geschwister, sondern vor allem auch die von

Marlies Winkelheide, die bei aller Empathie, bei allem Verständnis, bei aller Achtsamkeit und aller analytischen Klarheit immer wieder die Grenzen deutlich macht und aufzeigt, wie viel jenseits aller möglichen Erklärungsmuster bleibt. Diese Beschränkung ist für mich eine der großen Stärken dieses Buches.

Ich würde mir wünschen, dass das Buch seinen Weg auch zu nicht direkt von Behinderung Betroffenen findet. Die angeschnittenen Fragen sind zum Beispiel genauso relevant für das Zusammenleben mit alten Menschen, Eltern ‚normaler' Kinder würden wesentliche Anregungen darin finden, gerade weil es sich grundlegend von der üblichen Ratgeberliteratur unterscheidet, Probleme nicht mit Antworten zuschüttet, bis sie gefährliche Gase entwickeln und zu explodieren drohen.

Immer wieder dachte ich beim Lesen: Ich wollte, ich hätte das früher in die Hände bekommen. Da hätte ich das und jenes anders verstanden, hätte anders reagiert.
Etwas Besseres kann man zu einem Buch nicht sagen.

„Ohne Kinder wäre Nacht“
Janusz Korczak

Normal – besonders – außergewöhnlich?
Angedachtes – Angefragtes
Innenansichten – Außenansichten

Warum wird es manchmal als schlimm oder bedrohlich empfunden, müssen es Menschen abwehren, dass sie in einer besonderen Situation leben, eine besondere Geschwistersituation haben, manchmal viel und auch Außergewöhnliches leisten (leiden)?
Warum wird als Ausgrenzung empfunden, was ausschließlich eine Beschreibung einer besonderen Lebenswelt sein soll?
Warum ist es so schwierig auszuhalten, besonders zu sein?
Das wertet weder andere Menschen ab, die in anders besonderen Lebenssituationen sind und sie auf ihre Weise bewältigen, das grenzt sie nicht aus.
Damit müssen sich andere Menschen nicht zwangsläufig ihrer Verantwortung für ein Gesamtes entziehen, das das Besondere mit umfassen und einschließen soll.

Es können nur Spekulationen sein.
Darf man sich des Besonderen nicht zu sehr bewusst werden, damit es auszuhalten, zu tragen ist?
Steht es eventuell im Zusammenhang mit eigenem früherem Verhalten, als man selbst noch nicht in dieser besonderen Lebenssituation war, sie nicht kannte, vielleicht in seine Gedanken auch nicht mit eingeschlossen hat?
Gehörte man zu den Menschen, die diese Lebensmöglichkeit und das Verhalten von Menschen darin mit

Bewunderung versehen und damit eher abgetan haben?
War man einer von den anderen, von denen man sich heute nicht verstanden und mitgetragen fühlt, weil man diese Lebenssituation nicht als eine mögliche Normalität kannte?
Was macht es so schwierig, ‚besonders' und / oder ‚außergewöhnlich' zu sein?
Fehlt dieser Lebenssituation das Maß an Anerkennung, das sie braucht?
Ist das eventuell für andere Lebenssituationen auch normal?
Was ändert sich wirklich, wenn man zum Beispiel zulassen könnte zu erkennen, dass die Situation zweier Geschwister, von denen das ältere Kind eine Behinderung hat, andere Eigenschaften erfordert und fördert als die Situation von zwei Geschwistern in einer Familie ohne ein Kind mit Behinderung?

Da man die eigene Familie als normale Familie erlebt, die Besonderheiten oft nicht erkennen kann, dadurch verliert man den Blickwinkel für ganz ‚normale' Situationen. Dazu ein Beispiel:

Als ich mit dem Vater einer Familie mit behinderten Kindern zusammen mit einer Familie mit drei Kindern unterschiedlichen Alters ein Museum besuchte, war er nach zwei Stunden ungewöhnlich erschöpft. „Ich wusste gar nicht, wie anstrengend normale Kinder sein können." Während sein Interesse bei Ausflügen mit seinen Kindern

auch vorhandenen Behindertentoiletten und Wickelräumen galt, der überhaupt möglichen Zeit für den Besuch, der mitzunehmenden Verpflegung, der Anstrengung insgesamt für Kinder und Eltern, erlebte er hier Kinder, die sich darum stritten, wer zuerst was und wie lange spielen durfte, was wer essen wollte, wie viel ein ‚normaler' Jugendlicher überhaupt essen konnte, wie viel Geld im Shop ausgegeben werden konnte, was als gerecht galt, welche Vergleichsmöglichkeiten es geben konnte etc.
Die Kinder in seiner Begleitung hatten ein gutes Benehmen und klar vorgegebene Regeln der Eltern. Sie waren weder auffällig noch anstrengend, aber eben als Geschwister miteinander in Konkurrenz. Ihm war durch das Zusammenleben mit seinen Kindern gar nicht mehr bewusst, welche Bedürfnisse ganz normale Kinder im Alltag haben.
Dieses gemeinsame Erleben zweier Familien und das Eingeständnis wurde eine gute Erfahrung für alle Beteiligten.

Ein anderes Beispiel:
Welch ungeheure Leistung erbringt ein Zwölfjähriger, wenn er seinen dreizehnjährigen Bruder anerkennt als den Älteren, aber feststellt, dass er ihn in ‚allem' überholt?
Er macht es sich zu eigen, gerne zu helfen, andere Menschen zu unterstützen, erkennt ihre Schwächen und greift unauffällig ein.
Manchmal allerdings möchte er nur ‚einfach' der jüngere Bruder sein.

Die Eltern müssen ihren ‚großen Kleinen' in allem unterstützen, vorantreiben, ihm vielfältige Angebote machen, denn der ‚kleine Große' kann viele Sachen in diesem Bereich allein. Darüber sind die Eltern froh, teilen ihm das anerkennend mit. Sie besprechen manche Dinge sozusagen von ‚Erwachsenen zu Erwachsenem.' Sie möchten ihm damit zeigen, dass sie ihn ernst nehmen, er aber will auf keinen Fall schon erwachsen sein, auch wenn er schon viel Verantwortung übernehmen kann.
Für das Ernstnehmen und damit Annehmen seiner schwierigen Suche nach einer Position, mit der er für sich innerlich einverstanden ist, muss ein anderer Ausdruck gefunden werden.
Das Erwachsenwerden beinhaltet möglicherweise für den Jungen die Botschaft der Eltern, er möge doch nicht so schwierig im Kampf mit den Eltern sein, den er ganz normal pubertierend auch führt. Weil diese Situation manchmal so anstrengend ist, hoffen manche Eltern, wie eine Mutter das beschrieben hat, dass „er freundlich pubertiert".
Die Eltern können dem ‚jüngeren Älteren', dem ‚eigentlich Älteren' die Suche nach seinem Platz auch nicht abnehmen. Die Gefühle, die er damit verbindet, sind seine Gefühle, die er für sich in Verbindung zu dem Bruder und der Familie regeln muss.
Sie können ihm mitteilen, dass sie das sehen.
In dieser schwierigen besonderen Suche ist eine Gruppe von Geschwistern hilfreich, bei der es möglich ist, diese ‚besondere Geschwisterposition' frei von Schuldgefühlen zu benennen.

Zu dieser Fragestellung, die als eine ganz besondere gelten muss, gibt es sehr verschiedene Blickwinkel und unterschiedliche Einstellungen. Aus all meinen Erfahrungen ist die Position des Kindes nach dem behinderten Kind eine schwierige, da sie neu zu finden ist, wenngleich auch in vielen Büchern festgehalten wird, dass es für diese Kinder leichter ist, da sie die Situation nicht anders kennen.

Ein oft gehörtes Argument von Eltern:
„Ich will in dem Geschwisterkind nichts wecken, was nicht da ist, denn für uns ist es normal!", müsste eventuell anders heißen: „Ich habe Angst, dass es zu Auseinandersetzungen kommt, die ich für mein behindertes Kind und unsere Familie vermeiden möchte."

Meine Erfahrung ist allerdings, dass die Anerkennung des Bruders, der Schwester mit Behinderung keinesfalls gefährdet ist, wenn sich die Geschwister dieser Position bewusst sind. Es ändert sich das Miteinander in der Familie auch nicht, wenn die Eltern diese Position akzeptieren.
Dass sie unter Geschwistern, wie in anderen Familien auch, mitunter im Streit ausgespielt wird – ich bin aber der Bessere, du kannst das nicht –, gehört wieder in den Bereich der normalen Auseinandersetzungen unter Geschwistern.

Wie fühlt es sich denn wirklich an, der einzige nicht behinderte Drilling zu sein?

Wir anderen, mit welchem Blickwinkel auch immer, können uns doch von außen nur annähern – schon an eine Drillingssituation und dann an eine solch spezielle!

Es spricht doch eigentlich nichts dagegen, sich der ‚besonderen Lebensbedingungen und Erfahrungen' bewusst zu sein. Erst dann kann man sie auch anderen mitteilen, die sie so nicht gleich erkennen können, aber durchaus bereit sind, sie zu berücksichtigen, wenn sie darum wissen.

Selbstverständlich ist das wiederum eine Aufforderung an die Familien, die ohnehin viel zu bearbeiten haben – vielleicht aber gehört gerade das eben auch zur Normalität des Besonderen?

„Es ist wie normal, weil ich keinen Vergleich habe."
(Junge, 11 Jahre)

Es ist eine große Herausforderung und oft kaum zu schaffen, eine Lebenssituation von außen richtig einschätzen, geschweige denn bewerten zu können.
Eigentlich liegt man immer irgendwie falsch, auch wenn man bemüht ist, so gut wie eben möglich wahrzunehmen, zu fragen und nicht zu werten, weil es für einen Außenstehenden immer eine Einzelsituation ist und nicht der gewöhnliche Alltag.
Und so ist es fast ‚normal', dass man auf die Feststellung, dass eine erlebte Situation doch außergewöhn-

lich sei, die Antwort bekommt, dass das doch ‚nichts Besonderes', sondern eben ‚ganz normal' sei.
Dazu auf den folgenden Seiten einige Beispiele.

Ein normales Abendessen! Ein normales Abendessen?

Ein normales Abendessen bei Familie A. 2011:
Wir sitzen alle gemeinsam am Tisch, Stephan und Christina, Noah, 7 Jahre, Jonas, 16 Jahre, und Nathan, 13 Jahre, Jonas und Nathan in ihren Rollstühlen. Die Plätze sind festgelegt, auch für mich als Gast.
Das Abendessen steht bereits auf dem Tisch. Nathan bekommt Sondennahrung, das Gerät läuft, während wir essen. Für Jonas muss das Brot kleingeschnitten werden und ihm dann in kleinen Stücken gereicht werden. Das übernimmt heute Stephan. Jonas hat guten Appetit und protestiert auf seine Weise, wenn es ihm nicht schnell genug geht. Die Eltern wissen aus Erfahrung, welche Wurst, welchen Käse er gerne isst. Noah wird gefragt, was er heute auf einem Brötchen haben möchte. Sein Brötchen bereitet heute Christina.
Wir Erwachsenen sind während des Essens im Gespräch, Noah beteiligt sich gelegentlich. Jonas und Nathan können nicht mehr so sprechen wie wir. Dass sie an dem Gespräch Anteil nehmen, wird allen deutlich.
Nach dem Essen und vor dem Schlafengehen darf Noah noch etwas fernsehen. Den Platz sucht er sich im großen Hängesitz, der insbesondere für Jonas und Nathan angebracht wurde.
Währenddessen bekommen die beiden anderen ihre Medikamente, in den Joghurt gemischt oder mit der Spritze verabreicht.
Das ist alles ganz normal und wir können immer unser angeregtes Gespräch fortsetzen.

Anmerkungen:
Noah kann sehr wohl sein Brot allein machen. Die Eltern haben ihm bei der gemeinsamen Mahlzeit am Abend das Brot immer geschmiert, weil sie nicht wollten, dass er eifersüchtig wird, weil seine Brüder alles zubereitet bekommen. Vor einiger Zeit war die Frage aufgetaucht, wie er es lernen könnte. Aber er hat bewiesen, dass er es kann, in der Schule, auf Reisen, auf Seminaren isst er ganz selbstständig. Zu Hause zeigt er diese Fähigkeiten nicht oder selten, will in diesen Situationen weiter ‚verwöhnt' werden.
(Ist das ein normales oder außergewöhnliches Verhalten? Die Eltern hatten durch ihr Handeln zu erreichen versucht, dass er sich nicht zurückgesetzt fühlt. Da sie wissen, dass er es kann, wenn es darauf ankommt, bestehen sie nicht darauf, dass er es ständig allein macht.)

Vor einiger Zeit war normal, dass erst Jonas und Nathan ihr Essen bekamen und Noah zur selben Zeit aß, die Erwachsenen erst im Anschluss daran. Alles andere wäre zu anstrengend gewesen.
Zeitlich noch früher waren die Plätze von Jonas und Nathan befestigt und die beiden saßen angeschnallt in ihren Stühlen. Sie wären sonst weggelaufen.
Die Frage der Sitzordnung stellt sich immer wieder neu.
Die beiden Jungen müssen bei Tisch versorgt werden. Es muss besprochen werden, welcher Elternteil welches Kind versorgt.

Als Noah geboren wurde, war der Kampf der Kinder um die Plätze am Tisch wie bei jeder anderen Familie deutlich zu erkennen. Es gab einen Säugling, der versorgt werden wollte. Und Jonas machte mit seinen Möglichkeiten klar, dass er als Ältester an seinem Platz bleiben würde. Nathan, lange Zeit der Jüngste, kroch auf dem Tisch herum, um seinen neuen Platz zu finden. Jonas und Nathan haben eine Stoffwechselstörung, MPS Typ 3. Ihre Fähigkeiten, am Leben teilzunehmen, ändern sich, ihre Selbstständigkeit nimmt ab.
Im Flur der Wohnung hängen viele Fotos von allen Kindern in den unterschiedlichen Stadien ihrer Entwicklung, auch der Krankheit. Das ist die Normalität dieser Familie.
Wie erlebt sie jedes einzelne Familienmitglied?
Nicht alle können sich dazu mitteilen.
Was erzählen einzelne Familienmitglieder anderen davon, damit die sich ein Bild machen können?

Ist das nicht ohnehin eine besondere und außergewöhnliche Situation, mit zwei Kindern mit Behinderung zusammenzuleben? Wie häufig gibt es diese Familienkonstellation? Welche Vergleichsmöglichkeiten gibt es? Wie vorsichtig müssen wir in unserer Sprache sein, damit wir niemanden ausschließen, damit sich alle Familien, alle Familienmitglieder angesprochen fühlen?
Können wir es von außen eigentlich ‚richtig' machen?
Dazu noch eine **Schlüsselgeschichte.**
Als Jonas und Nathan noch selbstständig laufen konnten und nichts, was herumstand, vor ihnen in Sicher-

heit war, war das Leben ganz auf ihre Bedürfnisse eingestellt.
Kein Schrank hatte einen Schlüssel. Nichts stand auf dem Tisch. Der Fernseher war sozusagen mit einem Brett geschützt. Alles, was den anderen Familienmitgliedern wichtig war, stand für die beiden Jungen unerreichbar auf dem Schrank, auf Regalen, die sehr hoch angebracht waren, für Noah zunächst ohne Hilfe unerreichbar.
Um eine Toilette aufschließen zu können, musste man den Schlüssel benutzen, der oben über der Tür zu finden war. Man musste sich einschließen und im Anschluss daran den Schlüssel wieder dort aufhängen.
Noah hatte als Vierjähriger eigene Toilettenschlüssel in einem geheimen Versteck, das seine Brüder nicht entdecken konnten. Er war darauf sehr stolz. Er ist mit dieser frühen Selbstständigkeit immer gut umgegangen. Für ihn war das so ganz normal. Er hat voller Stolz im Kindergarten erzählt, dass er bereits einen eigenen Schlüssel und ein Versteck dazu hatte. Das machte ihn besonders, weil andere Kinder in dem Alter noch keine eigenen Schlüssel hatten und sich auch nicht einschließen durften.
Normal ist in einer Familie zumeist, dass der jüngere Bruder von den größeren Brüdern Dinge abgucken und lernen kann. Noah musste auf einem Geschwisterseminar länger über diese Situation nachdenken, als andere Kinder schon etwas beschreiben konnten. Schließlich sagte er: „Ich kann von meinen Brüdern Geduld lernen. Sie müssen immer warten. Das kann ich noch schlecht."

Da Jonas und Nathan immer mehr von ihren Fähigkeiten verlernen, verlieren, ist er sich unsicher, ob sie etwas von ihm lernen können. Er selbst meinte, dass er sie sehr lieb hat und sie das hoffentlich merken.
„Ich weiß nicht, was sie sonst noch durch mich haben. Sie können es mir ja nicht sagen." Er verstehe immer mehr, was durch ihre Krankheit komme, und könne ihnen helfen. Zusammen könnten sie ganz gut Fernsehen gucken. Und beim Vorlesen seien sie meist dabei.
„Meine Freunde, die ich mit nach Hause bringe, akzeptieren meine Brüder und sagen ihnen auch Guten Tag."
Noah beobachtet seine Brüder genau. Die Mutter berichtete: „Wir wollten zusammen mit allen Kindern ins Kino, einen 3D-Film ansehen. Noah machte mich darauf aufmerksam, dass das mit Jonas nicht ginge, da er seine 3D-Brille nicht aufbehalte und dann ja alle Bilder verschwommen sehen würde."
Noah lebt eine außergewöhnliche Normalität in einer besonderen Familie.
Bei jedem Besuch in dieser Familie erlebe ich eine neue Normalität. Die Eltern und auch Noah sind durch die Behinderung von Jonas und Nathan darauf angewiesen, sich immer wieder neuen Lebenssituationen anzupassen, ihre Gewohnheiten darauf neu einzustellen, zu beobachten und zu bedenken, wie das, was ihnen als Familie wichtig ist, auch weiter umgesetzt und gelebt werden kann, zum Beispiel eine gemeinsame Mahlzeit am Tisch, ohne dass es nur Stress wird und der Wert des gemeinsamen Essens dann doch verloren geht.

Es finden sich nach einigem Abwägen meist Möglichkeiten, mit denen dann alle gut neu zurechtkommen. Manches ist nicht zu ändern.
Noah beschreibt schon mit fünf Jahren, dass das doch sehr ungerecht sei. Jeder, der in sein Zimmer möchte, müsse anklopfen. Das sei die Regel.
Jonas und Nathan könnten allein nicht mehr in sein Zimmer kommen, da es in der ersten Etage liege. Er würde ja auch bei Jonas und Nathan anklopfen wollen, wenn er in ihre Zimmer geht, aber es nütze ja nichts, da sie nicht antworten könnten.

Was ist richtig?

Martina, 14 Jahre, wird konfirmiert, gemeinsam mit ihrem behinderten Bruder Alexander. Die Eltern freuen sich über dieses gemeinsame Fest, Martina habe es so gewollt.

Als Martina davon in einer Geschwistergruppe erzählt, fragen andere, ob sie das gewollt habe oder ob sie das mache, weil ihre Eltern sich sehr darüber freuen würden. Martina betont, dass es ihr persönlicher Wunsch sei.

Die Geschwistergruppe überlegt, wie sie in dieser Situation mit einem Geschenk umgehen kann, das es von der Gruppe als Anerkennung für alle Konfirmanden gibt.

Dürfen wir nur Martina etwas schenken? Fühlt sie sich verletzt, wenn wir Alexander nichts schenken?

Meinen dann die Eltern, dass wir Alexander nicht mögen, obwohl wir Geschwister sind und es doch verstehen müssten? Wir kennen ihn doch nicht. Er gehört nicht zur Geschwistergruppe.

Was sollen wir denn schenken, wenn wir beschließen, etwas zu schenken? Martina wollen wir nicht fragen.

Wenn das Geschenk für Alexander nicht passt, macht sie uns dann Vorwürfe, nicht genug darüber nachgedacht zu haben? Sie hat ja von Alexander in der Gruppe erzählt.

Wenn wir uns entscheiden, beiden etwas zu schenken, dürfen wir dann Martina mehr schenken als Alexander? Oder ist sie dann auch beleidigt? Wir reden doch

immer davon, dass beide Geschwister gleich viel wert sind.
Wir möchten Martina als Gruppenmitglied etwas Besonderes schenken, weil sie für uns im Mittelpunkt steht. Durch welches Verhalten fühlt sie sich mehr anerkannt von uns?
Die Auseinandersetzung um das Geschenk für Martina war ein mühsamer und langfristiger Prozess. Waren das eigentlich normale oder doch besondere Fragen? Engagierte sich hier eine Gruppe von Kindern außergewöhnlich intensiv?
Die Frage hat viele Mitglieder der Gruppe bewegt, weil es um die Fragestellung der Gleichwertigkeit ging.
Am Ende aller Diskussion bekamen Martina und Alexander je ein Geschenk, Martina bekam vom Wert her ein größeres Geschenk, weil die Gruppe Martina besser kannte und sie besonders hervorheben wollte.
Auf einer Karte bedankten sich Martina und Alexander gemeinsam für ihre Geschenke.
Niemand aus der Gruppe mochte Martina fragen, ob das denn nun richtig gewesen sei, was sie geschenkt hatten.
Würden sich andere Kinder ähnliche Gedanken in einer solchen Situation machen?
Es fühlte sich eine Schwester wohl nicht betroffen, wenn der Bruder kein Geschenk bekommen würde von denjenigen, die ihn nicht kennen. Das wäre ganz normal, während es in dieser Geschwisterkonstellation und -situation doch besonders war, weil gewichtige Fragestellungen dazukamen.

Normale und ‚andere' Familien?

So stellen sich Geschwisterkinder andere – in ihren Augen normale – Familien vor. In einem Seminar haben sie sich auf zehn Spielregeln geeinigt, um ihre Familien dann damit zu vergleichen.

1. Vereinbarte Zeiten werden eingehalten.
2. Versprechen werden eingelöst.
3. Alles wird besprochen.
4. Keiner wird bevorzugt.
5. Pflichten werden nach Absprache eingeteilt.
6. Ausnahmen sind immer möglich.
7. Fehler werden häufig übersehen.
8. Geschwister dürfen streiten.
9. Jeder hält sich an Regeln.
10. Man kann sich immer aufeinander verlassen.

Sie wissen schon, dass es sich um eine Idealvorstellung handelt, dass sich andere Familien auch nicht immer in allen Lebenssituationen an diese Regeln halten können, obwohl es eigentlich möglich wäre.

Im Gegensatz dazu beschreiben sie die Welt ihrer Familie.
Kinder bis zu 12 Jahren

- Es gibt Familienmitglieder, die Regeln nicht einhalten (können).
- Es gibt Familienmitglieder, die mehr Aufmerksamkeit brauchen.

- Das behinderte Geschwisterkind bekommt Sonderrechte (muss sich nicht so sehr an Regeln halten).
- In unserer Familie ist vieles (alles) anders. Wir können nicht viel unternehmen.
- Unsere Eltern nehmen sich mehr Zeit für unsere Geschwister mit Behinderung.
- Bei uns ist einfach alles schwieriger.
- In der Familie müssen nicht alle gleich viel helfen. (Wenn das behinderte Geschwisterkind weniger mithilft, als es könnte, wird es toleriert.)
- Ich darf (kann) nicht mit meinem behinderten Geschwisterkind streiten.
- Bei uns muss ich oft verzichten, weil etwas von meinem Bruder wichtiger ist.
- Bei uns zu Hause ist es oft ungerecht.
- Zu Hause muss ich mithelfen. Mein Bruder kann nicht mithelfen.
- Termine von meinem Bruder werden mit den Eltern gemacht. Ich muss, kann es alleine machen.
- Streit mit den Geschwistern geht nicht.
- Meine Eltern achten darauf, dass es gerecht ist, aber es ist nicht immer gerecht.
- Mein Bruder bekommt eher bei meinen Eltern seinen Willen durchgesetzt als ich.
  (Zum Beispiel wenn ich etwas haben möchte.)

Jugendliche, deren Geschwister eine schwere Mehrfachbehinderung haben:

- Das geht bei uns alles nicht (10 Punkte).
- Vieles andere ist so selbstverständlich, dass man es gar nicht mehr merkt.
- Es gibt oft spontane Zeitänderungen.
- Unsere Eltern müssen sich um das Geschwisterkind kümmern.
- Ich muss selbstständig sein.
- Das behinderte Geschwisterkind steht im Mittelpunkt.
- Eltern müssen Betreuung organisieren (auch wenn ich etwas mit ihnen mache).
- Behindertes Geschwisterkind wird bevorzugt.
- Ich muss mein behindertes Geschwisterkind unterstützen.

Aus diesen Feststellungen der Geschwister lassen sich weitere Fragen ableiten.
Wenn Geschwister zum Beispiel nicht lernen können, sich zu streiten, wo und wie lernen sie es dann?
In Beratungsgesprächen habe ich oft damit zu tun, dass Lehrer sich über das Verhalten von Geschwisterkindern auf dem Schulhof beschweren, weil sie sich in ihren Augen unangemessen verhalten. Entweder würde alles, was sich auch unter Kindern normalerweise regeln ließe, der Lehrperson gemeldet und erwartet, dass diese etwas unternimmt, oder Kinder würden sofort zuschlagen, wenn sie sich angegriffen fühlen. Wenn ein Kind zu Hause einen älteren Bruder hat, ge-

gen den es sich nicht wehren kann, weil er stärker ist, und es daher besser ist, sich ihm zu entziehen, damit es nicht verletzt wird, aber auf jeden Fall den Eltern Bescheid zu geben, wie soll ein Kind dann lernen, ähnliche Konflikte, wie sie in einem normalen Alltag üblich sind, anders zu lösen?

Wenn manches in der Familie ‚heimlich' geschieht, es sozusagen ‚heimliche Regeln' gibt, damit der Bruder, die Schwester mit Behinderung es nicht merkt, auch damit Außenstehende es nicht wissen, manches eben ‚normal geheim' ist, wie soll das Geschwisterkind lernen, was es sagen darf, muss? Das wird dann auch nicht mitgeteilt, wird sozusagen zu ‚Geheimnissen' und ‚Heimlichkeiten', die zu Schwierigkeiten führen können und Folgen haben. Themen in Familien sind in diesem Bereich zum Beispiel das Bettnässen von Kindern, der Umgang mit Süßigkeiten etc.

Fragen, die sich aus dieser Situation ergeben:

Wie sollen wir – die anderen Menschen – richtig verstehen können?
Was dürfen wir tun, sagen, fragen, ohne zu verletzen?
Was sollte uns unbedingt vermittelt werden, damit wir annähernd verstehen können?
Aus der Außensicht haben sie ‚besondere' Geschwister.
Für sie selbst (Innensicht) sind es ihre normalen Brüder.
Für andere sind sie ‚besondere' Geschwister – warum eigentlich, wenn alles doch ganz ‚normal' ist?

Ein Vater formuliert in diesem Zusammenhang seinen Wunsch.
„Die Schulen sollen die nicht behinderten Geschwister als normale Schüler, normale Kinder sehen, nicht durch eine bestimmte Brille betrachten.
Allerdings sollen sie in außergewöhnlichen Lebenssituationen das Besondere in den Familien doch selbstverständlich berücksichtigen."

Sind Geschwister von Kindern mit Behinderung auch besonders, weil sie ihre Umwelt anders wahrnehmen als andere ihres Alters?
Sie sehen und erleben Dinge, die andere nicht kennen.
Sie beobachten Menschen genau.
Sie haben andere Erlebnisse. Ihre Wahrnehmung von Fähigkeiten ist geschärft.
Sie wissen, was es heißt, Verantwortung zu übernehmen.
Sie müssen oft Vorbild sein und lernen weniger voneinander.
Manches können sie in ihrer Geschwisterbeziehung nicht lernen, was für andere selbstverständlich ist.

Ich zeige dir meine Welt
Meine Welt in der Welt
Versteh doch! Trennen uns eigentlich Welten?

Das ist die Bitte, der Aufruf, den viele Menschen an diejenigen richten, die nicht direkt und unmittelbar in ihre Lebenssituation Einblick haben.

Das gilt für alle Menschen.
Im Zusammenhang mit dem Leben von Geschwistern von Kindern mit Behinderung reicht es meines Erachtens nicht, den Satz von Richard von Weizsäcker zu zitieren „Es ist normal, verschieden zu sein", um damit jede Einzigartigkeit eines Lebens eingeschlossen zu haben.
Es gibt Organisationen und Selbsthilfegruppen für Kinder mit Behinderungen, Beeinträchtigungen, Lernschwierigkeiten, Kinder mit Handicaps, chronischen Erkrankungen, lebenslimitierenden Erkrankungen.
Jede Organisation legt Wert darauf, *ihre* Sprachregelung zu übernehmen, damit sie sich anerkannt weiß.
Es gibt Bücher über Kinder mit Behinderungen etc., die diese Kinder als besonderes Glück, sogar als außergewöhnliches Glück bezeichnen.
Es gibt Institutionen, die Geschwister beschreiben als „Besondere Kinder haben besondere Geschwister".
Man kann es auch mit der besten Absicht, Menschen in ihrer Lebenssituation zu akzeptieren, eigentlich nur falsch machen, wenn man nicht immer auf jede dieser Nuancen achtet.
Wäre es eine andere Möglichkeit des Verstehens, die weniger belastet, von einem Leben mit/in Gegensätzen zu sprechen als von einer besonderen Lebenssituation?
Wichtig ist es doch, die Absicht desjenigen zu kennen, zu beurteilen, der darum bemüht ist, die jeweilige individuelle Lebensleistung eines jeden Familienmitglieds zu verstehen, um die Familie oder einzelne Familienmitglieder zu erreichen.

Sozusagen als PS

Es kann keine eindeutige und vor allem richtige Antwort auf die Frage ‚normal – besonders – außergewöhnlich?' geben. Niemand kann sie für eine Familie oder eine Geschwisterkonstellation gültig beantworten.

Wir sehen an den Beispielen von Gesine G. und K. W. in diesem Buch, wie selbst erwachsene Geschwister ihre Lebenssituation als nicht so besonders darstellen, obwohl durch ihr eigenes Erzählen die Besonderheit deutlich wird.

Hilfreich wäre es, wenn alle Gedanken dazu vorurteilsfrei zugelassen werden könnten.

PPS

Eltern und Geschwister schätzen die Teilnahme an Seminaren für Familien mit behinderten Kindern. „Hier ist alles normal, da brauche ich nichts zu erklären."

Es ist eben doch sonst besonders und auch außergewöhnlich und das ständige Erklärenmüssen ist eine zusätzliche Last, die wir den Betroffenen nicht abnehmen können, selbst wenn wir uns noch so sehr bemühten.

Die lebenslange Auseinandersetzung mit Geschwistergeschichten

Marlies, wer bist du?

Diese erst vor Kurzem gestellte Frage meines fünfjährigen Neffen, der mich lediglich von wenigen Begegnungen kannte – wir leben auf verschiedenen Kontinenten – müsste eigentlich ausführlicher heißen: *Marlies, wer bist du in unserer Familie?*

Wir verbrachten in diesem Jahr zum ersten Mal zwei Wochen miteinander in Montreal, seiner Heimat. Seine vietnamesische Mutter, verheiratet mit einem Kanadier, hatte mich mit meinem Bruder und seiner Frau eingeladen. Mein Bruder ist mein vietnamesischer Bruder, adoptiert von meinen Eltern 1969 zur Zeit des VietNam-Krieges; damals ein vierzehnjähriger Junge, der zur medizinischen Behandlung nach Deutschland gekommen war.

Unsere Familiengeschichte ist eine sehr komplexe, die des genauen Hinsehens bedarf, eine vielseitige Familiengeschichte und eine Geschichte zwischen und in zwei Kulturen.

The Huy hatte in den ersten beiden Tagen meines Aufenthalts in seiner Familie häufiger in Situationen mit anderen Menschen gehört, dass Dung uns vorstellte: „Das ist meine Frau, das ist meine Schwester."

Und so stellte er mir die Frage: „Marlies, wer bist du eigentlich?" Und ergänzte gleich: „Wenn Dung der Bruder von Mama ist und du die Schwester von Dung bist, dann sind doch Mama und du Schwestern?"

Eine logische und konsequente Frage, die nur ein „Ja“ zur Antwort haben konnte.
Obwohl ich vor meiner Reise seine Mutter nicht als meine Schwester bezeichnet hatte, erlebte ich jetzt in der Verbindung zu ihr eine außergewöhnliche und einmalige Nähe. Ich kannte sie als Kind in VietNam, als Jugendliche hatte sie VietNam als boat-people verlassen, lebte seither in Kanada. Begegnet sind wir uns seither in der Familie einige wenige Male bei kurzen Treffen in Deutschland. Dabei hatten wir nicht die Möglichkeit, uns wirklich persönlich zu begegnen, uns als Menschen, die Teil einer Familiengeschichte sind, wahrzunehmen.
Sie war für mich die ‚Schwester meiner Brüder', dazugehörend, für mich wenig greifbar, obwohl ich viel von ihr und den Kindern hörte.
Zurück zur Frage des fünfjährigen Kindes, die direkt an mich gerichtet war. Wie sollte ich antworten, ohne jemanden zu vereinnahmen, möglicherweise zu verletzen?
Seine Mutter antwortete: „Marlies ist meine Adoptivschwester.“
Damit war für das Kind die Familienzusammengehörigkeit hergestellt; eine juridische Frage ist nicht zu klären. Seine Mutter und ich, wir sind auch nicht *wie* Schwestern, wir sind Schwestern, wenn auch auf eine ganz besondere Weise: eine einzigartige Erfahrung.

In der vietnamesischen Sprache wird durch die Anrede die Beziehung innerhalb der Familie benannt.
kleiner Bruder Dung = em Dụng

kleine Schwester Nghi= em Nghi
große Schwester Marlies = chị Marlies
angeheiratete ältere Tante Thao (z. B. für Thế Huy und Thế Vinh) = bác Thảo
ältere Tante Marlies = bác Marlies.
Seine Mutter Phượng Nghi und ich, wir sind auch nicht wie Schwestern – wir sind Schwestern, wenn auch auf eine ganz besondere Weise: eine einzigartige Erfahrung!

Immer wieder neu muss ich mich in unterschiedlichen Phasen meines Lebens mit meiner besonderen Geschwistergeschichte auseinandersetzen. Es bleibt spannend.
Wer bin ich?
Wie bin ich zu der geworden, die ich bin?
Welche Faktoren haben mein Leben geprägt?
Wie wäre ich, wenn mir das alles nicht begegnet wäre?
Was ist meine eigene Leistung?
Was ist bedingt durch die besonderen Lebenserfahrungen und Lebenszusammenhänge?
Was habe ich mir selbst an Zusammenhängen, Fähigkeiten erworben?
Möchte ich anders sein?
Ich wehre mich dagegen, wenn andere Menschen mir sagen, dass das viel und kompliziert ist und mir viel zugemutet wurde.
In Zumutung steckt auch MUT.
Es ist wie es ist.
Es war wie es war.

„Ich kenne es nicht anders“, sagen viele erwachsene Geschwister von Menschen mit Behinderung.
„Was ist daran besonders? Was ist so außergewöhnlich?“
„Das ist doch alles ganz normal.“
Das sind Sätze, Aussagen, die ich durch all die Jahre der Begleitung von Geschwistern von Menschen mit Behinderung immer wieder höre.
Das Leben, das sie zu den Persönlichkeiten geformt hat, die sie sind, ist ihr Leben und sie kennen kein anderes. Für sie sind viele Erfahrungen normal, die für Außenstehende außergewöhnlich sind, die sich andere Menschen kaum vorstellen können.
In deren Angst vor diesem ‚außergewöhnlichen Erleben' wird dann schnell das zur Belastung, was Geschwister als Selbstverständlichkeit, als Normalität ihres Leben empfinden.
Es wird immer die Außen- und die Innensicht geben.
Wichtig und von besonderer Bedeutung ist dabei, dass es nicht zu Beurteilungen kommen sollte, darf, zur Auflage von Schablonen, nach denen geurteilt wird.
Jede Sichtweise kann und muss respektiert werden.

„Das Normale im Außergewöhnlichen anerkennen, im Normalen das Besondere berücksichtigen“,
lautete die Bitte des Vaters zweier Kinder, eines mit einer schweren Mehrfachbehinderung, an andere Menschen.

Sven, ein siebzehnjähriger Junge, der über Jahre hinweg an den Angeboten für Geschwister teilgenommen hat, schreibt während seines Auslandsjahres:
„Was hat es mir gebracht / Was nützt es mir:
Ich kann besser mit schwierigen Situationen umgehen und ich weiß, dass ich irgendwo wahrgenommen werde, ohne gleich etwas Besonderes (positiv wie negativ) machen zu müssen.“
Er weist in seinem Schlusssatz darauf hin, wie notwendig für ihn die Anerkennung derjenigen war, ist, die eine ähnliche Lebenssituation kennen.
Innerhalb einer Gesellschaft ist wichtig anzuerkennen, dass die Lebensrealität der Geschwister von Menschen mit Behinderung eine Realität in der Palette verschiedener Lebenswirklichkeiten, Lebensräume ist.

An die Begleiter und Begleiterinnen von Geschwistern von Menschen mit Behinderung werden auf dem Hintergrund dieser Sichtweisen und Hinweise hohe Anforderungen, Herausforderungen gestellt. Manche Fragestellungen sind ihnen fremd, noch nicht begegnet, die für Geschwister zu deren Alltag gehören, auch wenn diese noch sehr jung – nach der Meinung Außenstehender zu jung für manche Erfahrungen – sind.

Wer kann Lebensereignisse beurteilen?
Auch schwierige Erfahrungen sind nicht zu verhindern. Manchmal sind wir als Menschen alle überfordert, übersteigt das, was geschieht, unser Vorstellungsvermögen, verlangt Kraft, die wir erst einmal nicht zu ha-

ben meinen und sie dann doch entwickeln, um die Situationen durchzustehen, manchmal auch an ihnen wachsen zu können.
Leben mit Behinderung ist eine Herausforderung. Es ist eine Herausforderung, der sich alle Familienmitglieder auf eine besondere Weise zu stellen haben.
Dabei ist es wichtig, Position zu beziehen, sich eine Haltung zu erarbeiten in vielen Bereichen, die das Leben beeinflussen.

Auch Geschwister haben ihre eigene Persönlichkeitsentwicklung.
Es ist enorm wichtig für sie festzustellen, dass manches von dem, was ihre Persönlichkeit ausmacht, was sie besonders gut können, durch das Zusammenleben geprägt worden ist.
Es ist denkbar und möglich, dass diese Eigenschaften auch unabhängig von dieser Tatsache zu ihrer Persönlichkeit gehörten, die Entwicklung durch das Zusammenleben jedoch verstärkt und gefördert wurde.
Es ist im Sprechen über Geschwister von Menschen mit Behinderung daher wichtig, ihren eigenen persönlichen Weg zu sehen und ihre Entwicklung nicht ausschließlich in die Abhängigkeit (evtl. in die Verstärkung) durch das Zusammenleben mit dem Bruder, der Schwester mit Behinderung zu bringen.
Manche Geschwister lehnen aus diesem Grund Zusammenhänge in ihrem Leben ab, die mit dem Leben des Bruders, der Schwester mit Behinderung zu tun haben.

Manche können/wollen diese Zusammenhänge nicht sehen. „Es war doch normal!" Sie lehnen dadurch ermöglichte Entwicklungen nicht ab, haben sie aber selbst nie in den Zusammenhang gebracht.

Respekt zu haben vor der eigenen Leistung, der je besonderen Persönlichkeitsentwicklung und gleichzeitig zu erkennen, welche Charaktereigenschaften besonders ausgeprägt sein könnten, ist die Anforderung an denjenigen, der sich den Fragen von Geschwistern stellt.
Am Beispiel ‚Geduld' lassen sich die unterschiedlichen Prägungen, Aspekte, Reaktionen gut deutlich machen.

„Ich kann besonders gut warten.
Mein Bruder kann nicht warten."

„Ich hasse es, geduldig zu sein. Das will ich vermeiden, so gut es geht."

„Ich will nie wieder so lange warten müssen."

„Ich kann gut zuhören. Das habe ich bei meinem Bruder auch immer gemusst."

„Immer wenn ich warten muss, werde ich an all die Wartezeiten mit meiner Schwester erinnert, die nie zur Zeit fertig wurde und durch deren Behinderung wir oft später zu einem Ausflug das Haus verlassen konnten, als es vorgesehen war. Ich sollte immer pünktlich sein, von ihr konnte das nicht verlangt werden."

Es gibt vielfältige und unterschiedliche Reaktionen auf einem Lebensweg, der besondere Herausforderungen stellt. Der Geschichte besonderer Lebensleistungen auch nur annähernd gerecht werden zu wollen und ihnen nicht mit Vorverurteilungen zu begegnen, ist die Aufgabe von Begleitung:

Vorurteile gibt es genug.
Behindertes Kind gleich behinderte Familie gleich behinderte Geschwister.
Geschwister sind überfordert.
Geschwister haben keine gute Kindheit.
Geschwister sind zu verantwortungsvoll.

„Wer sind sie wirklich?"
Gibt es sie als Gruppe oder ist jede Geschichte so einzigartig, dass keine Vergleichsmöglichkeiten entstehen können?
Was verbindet Geschwister von Menschen mit Behinderung?
Was unterscheidet sie voneinander?
In welchen Bereichen gibt es Ähnliches und Gleiches?

Eltern wünschen sich, dass Geschwister eines Tages sagen können: Ich bin die, die ich bin, weil ich diesen Bruder, diese Schwester hatte. Ich habe viel durch sie gelernt.

Geschwister möchten sagen können: Ich habe viel gelernt durch das Zusammenleben mit meiner behinderten Schwester, meinem behinderten Bruder.
Ich möchte für meine Leistungen anerkannt werden. Ich will meine erworbenen Fähigkeiten einsetzen. Ich möchte auch ‚Nein' sagen können, wenn ich angefragt werde, ohne meine Anerkennung dadurch zu verlieren.

Es gibt nicht die eine Antwort auf eine derartige Lebenssituation, nicht die eine Form der Begleitung, nicht das Konzept, das alle Geschwister gleichermaßen erreicht.
Es gibt Grundthemen in ihren Lebensgeschichten, mit denen sich ihre Begleiter und Begleiterinnen auseinandersetzen sollten.
Diesen wollen wir uns in diesem Buch erneut annähern anhand einzelner Aussagen und einzelner Geschichten von Geschwistern.

Mein einziger geistiger Reichtum ist eine gewisse Sicht der Welt,
ein paar Gefühle, etwas Phantasie und ... ein Ziel im Leben.
Mir ein Lebensziel zu setzen, hat mich viele Anstrengungen gekostet,
hat viele Stunden der Überlegung verschlungen, war der Grund für viele Leiden.
So viel Arbeit war es, aus diesen Fetzen, aus gelesenen und erlernten Gedanken,
aus diesen kleinen unzusammenhängenden Beobachtungen etwas Einheitliches zu schaffen, etwas, was dem ganzen Leben Erfüllung bringen kann.
(Janusz Korczak: Aus dem Tagebuch)

‚Erwachsene Geschwister' – Wie sie ihre eigene Geschichte entdeckten

„Gehöre ich überhaupt dazu? So schlimm war das doch gar nicht."

Dazugehören bedeutet in diesem Zusammenhang, Teil der Gruppe von Geschwistern von Menschen mit Behinderung zu sein, auch wenn es keinen persönlichen Bezug zueinander gibt.

Die obige Frage höre ich immer wieder von erwachsenen Geschwistern, besonders dann, wenn sie ihre Lebenssituation mit der anderer Menschen vergleichen.

„In jeder Familie gibt es doch etwas."

„Mein Bruder war ja nicht schwerbehindert, ich musste nicht für ihn sorgen."

(w, 46 Jahre)

„Wenn ich anderen zuhöre, sind meine Sorgen doch eher klein, vielleicht sogar belanglos."

(w, 35 Jahre)

Und dann erzählen sie aus ihrem Leben in einer ‚besonderen Familie', mit ‚besonderen Geschwistern', deren Leben auf eine ganz ‚eigene' Weise eine Herausforderung für alle Familienmitglieder bedeutete.

Erwachsene Geschwister spüren, dass ihr Leben durch ‚besondere Entwicklungen' in der Familie beeinflusst wurde. Oft betreffen ihre Geschichten das Verhalten ihrer Eltern, die Verteilung von Zeit und Aufmerksamkeit, die Möglichkeit oder Unmöglichkeit, an von ihnen bevorzugten Orten Urlaub machen zu können, sie erzählen von Erwartungen, die an sie gestellt wurden und die sie an sich stellten.

Und in fast allen Geschichten, denen ich bisher zugehört habe, geht es um die fehlende Möglichkeit, mit den Eltern offen und ehrlich darüber zu sprechen, Erfahrungen über diese Zeiten auszutauschen.
Erwachsene Geschwister möchten auf keinen Fall ihre Geschwister mit Behinderung verantwortlich machen für Erfahrungen und Fragestellungen, die für sie selbst eine besondere Anforderung bedeuteten. Verantwortung wird bei ihnen oft verbunden mit einer ‚Schuldzuweisung' für persönliche Frage- oder auch Problemstellungen in ihrem Leben.
Es ist vieles so selbstverständlich in ihrem Leben, was andere nicht kennen, dass sie als ganz normal ansehen, was für andere Menschen außergewöhnlich ist.

Das Thema eines Seminarwochenendes mit erwachsenen Geschwistern hat diese Einschätzung unter anderem auf symbolhafte Weise auf den Punkt gebracht: *„Außergewöhnlich ist normal – Normal ist außergewöhnlich“.*
Inhalt der Gespräche waren unterschiedliche Erlebnisse, Fragen, Anforderungen im Familienleben, die in der Gruppe von Gleichbetroffenen nichts Außergewöhnliches darstellten, vielmehr als ‚ganz normal' angesehen wurden, da es eben so war, wie es war, und selbstverständlich zu ihren Familien gehörte.

Das begleitende Symbol im Seminar waren Perlen, Perlen als Symbol für Einzigartigkeit, als Symbol für etwas Kostbares. (Jede Perle benötigt eine lange Reifezeit.)
Die vorhandenen Perlen stellten die Verbindung zum Leben, ‚zu Lebensereignissen' her. Für alle Erfahrungen, von denen berichtet wurde, konnten sich die Teilnehmenden nach Beendigung eines Themas, einer Gesprächsrunde eine Perle für ihr persönliches *Perlenband der Beziehungen* aussuchen.
Zur Verfügung standen *Holzperlen* in verschiedenen Farben und Formen für all die Situationen, die als *normal* empfunden wurden, und auch für die Fragen, die sich als Anforderung an die eigene Person daraus ergaben und die bis heute als Herausforderung erlebt werden.
Besondere, außergewöhnliche Perlen aus Glas, Porzellan, Keramik sollten ein Zeichen sein für die als *besonders* erlebten Situationen.
Alle Gespräche handelten von der Normalität einer Lebenssituation, von Selbstverständlichkeiten im Alltag. Nach jeder Gesprächseinheit wählten die Teilnehmenden immer die besondere, außergewöhnliche Perle als Zeichen, nie wählten sie eine der ‚normalen' Perlen. Erst nach der vierten Gesprächseinheit machte ich sie darauf aufmerksam.
Die Teilnehmenden waren erstaunt über ihr Handeln, hatten es selber nicht bemerkt. Und erst jetzt konnten sie sich austauschen über Erfahrungen, die sie alle als normal erlebt hatten, die möglicherweise aber doch außergewöhnlich waren auf dem Hintergrund ihrer

Erfahrungen heute und mit und in anderen Familien. Dabei ging es in den Themen zum Beispiel um das Bestimmen, Mitbestimmen von besonderen Tagen in der Familie oder um die Bedeutung, die ein Bruder, eine Schwester mit Behinderung hatte, die sich gar nicht dazu äußern konnten oder wollten, deren Bedürfnisse aber immer an erster Stelle berücksichtigt wurden. Es ging um die Planung von Vorhaben, die nicht stattfinden konnten, weil die Schwester, der Bruder mit Behinderung erkrankte; das Selbstverständliche – was Eltern als selbstverständlich erwarteten und den eigenen Ansprüchen der Geschwister doch nicht entsprach (zum Beispiel bei einem kurzen Besuch in der Studienzeit auch einmal verwöhnt zu werden, statt unterstützen zu sollen).

Die Beispiele wurden schnell und zahlreich genannt – und in der Normalität der Erfahrungen der Gruppe konnten sie zu Außergewöhnlichem werden aus der Sicht von anderen Menschen, letztendlich dann auch aus der eigenen Sicht der betroffenen Geschwister. Zumindest ist das Maß der Anforderungen häufiger und dauerhaft anders als in anderen Familien.

Die Frage, wie die eigenen, doch selbstverständlichen und gleichzeitig außergewöhnlichen Leistungen anerkannt wurden oder noch werden können, blieb Gegenstand vieler Gespräche.

Ein Suchen und eine Sehnsucht danach bleibt bestehen.

Geschwisterkind eines Menschen mit Behinderung zu sein bedeutet oft auch, von anderen Menschen auf Eigenschaften festgelegt zu werden.

Um diese Festlegung zu vermeiden, einfach ‚normal' zu sein unter anderen Menschen, in anderen Gruppen nicht als Geschwisterkind erkannt zu werden, mit besonderen Fähigkeiten sich einfühlen zu können, aber auch mit Vorverurteilungen – „Du bist vielleicht schwierig, du kannst das nur so sehen, weil du einen behinderten Bruder hast" –, wählen nicht nur erwachsene Geschwister von Menschen mit Behinderung bewusst aus, in welchem Kontext sie von ihren Lebenserfahrungen erzählen.
Manchmal möchten sie erkannt, anerkannt werden, gefragt werden, ohne darauf aufmerksam gemacht zu haben.

Eine diesbezügliche Erfahrung mit einer Studentin bewegt mich bis heute.
In einem Universitätsseminar zum Thema ‚Lebenssituationen von Geschwistern von Menschen mit Behinderung' erlebte ich interessierte Diskussionen mit einer Gruppe von StudentInnen im Bereich der Behindertenpädagogik. Viele arbeiteten in Familien mit behinderten Kindern und brachten ihre Erfahrungen mit ein. Sie stellten viele Fragen, brachten sich engagiert ein, waren – im positiven Sinn – neugierig.
Beim Lesen einer sorgfältigen und ausgezeichneten Hausarbeit über Geschwisterbeziehungen fiel mir das persönliche Vorwort auf, ein Brief einer autistischen Schwester an ihre nicht behinderte ältere Schwester, gekennzeichnet als Auszug von längeren Aufzeichnungen.

Da solche Dokumente eher selten sind, rief ich die Studentin an und fragte sie, ob ihr der gesamte Text zur Verfügung stünde, da er mich sehr interessiere. Ich nahm an, dass der Text aus einer Familie kam, in der sie begleitend tätig war. Sie antwortete ungewöhnlich verhalten. Ich konnte mir ihre Zurückhaltung kaum erklären.
Es war eher eine Eingabe als eine Vermutung, als ich sie fragte, ob sie selber diese nicht behinderte Schwester sei.
Meine Frage war sozusagen ein ‚Volltreffer'. Ich durfte im Anschluss einer langen, außergewöhnlichen Geschichte einer Schwester zuhören.
Sie selbst empfand es als Befreiung, in ihrer Rolle erkannt worden zu sein. Sie hätte niemals im Seminar darüber sprechen wollen. Zu Beginn, wie es in meinen Seminaren üblich ist, hatte ich gefragt, ob jemand über persönliche Erfahrungen verfüge. Die Frage soll als Schutz dienen, damit mögliche betroffene StudentInnen nicht dauernd auf ihr Verstehen und ihr Verständnis angesprochen werden. Nach vorheriger Absprache können sie als ExpertInnen mit einbezogen werden.
Diese Studentin hatte beschlossen, sich ‚unerkannt' mit der Geschwisterfrage in diesem Umfeld auseinander zu setzen.
In ihrer besonderen Situation im Zusammenleben mit ihrer autistischen Schwester, die PC-gestützt kommunizierte, sich dabei ausschließlich von ihrer Mutter unterstützen ließ, stellte sich zusätzlich die Frage, ob die

Schwester oder die Mutter den Brief verfasste, welche Anteile von wem sein könnten.

Dieser Frage, was möchten meine Eltern, was mein Bruder, meine Schwester, was darf, was kann ich fragen, auf welche Fragen möchte ich eine Antwort haben, worauf bekomme ich Antworten, stellen sich meiner beruflichen Erfahrung nach alle Geschwister.

Das Gespräch mit den eigenen Eltern über etwas in der Familie, das alle bewegt, ist eine besonders schwierige Herausforderung an alle Familienmitglieder.
Manchmal gelingt es auch noch nach Jahren (siehe Geschichte Gesine G.).
Manche Geschwister holen sich den Mut dazu auf solchen Seminaren, bereiten während dieser Zeit in einem eigenen inneren Prozess ihre Fragestellungen vor. Sie beziehen sich auf Gespräche mit Eltern und anderen, vielleicht nicht so engagierten Geschwistern in dieser besonderen Geschwisterfrage. Manche Geschwister legen Protokolle, Berichte, Fotos von Seminaren in ihrem Elternhaus bei Besuchen sichtbar so hin, dass sie damit rechnen, darauf angesprochen zu werden. Sie hoffen es und finden keinen anderen Weg. Manche Erwartung wird erfüllt. Manchmal gibt es gute und klärende Gespräche. Manche werden enttäuscht. Mitunter verstärkt sich dann das Gefühl, nicht so wahr genommen zu werden, wie man es sich wünscht.
Manchmal bringt sogar eine Veröffentlichung der eigenen Geschichte in einem Buch nicht das ersehnte

Gespräch mit den Eltern, wobei offen bleibt, ob die Eltern die Geschichte gelesen haben oder sich nicht trauen, sie zu lesen. Wieder andere Geschwister versuchen zu verhindern, dass ihre Eltern ihre Geschichte lesen können, obwohl sie sich ganz bewusst für eine Veröffentlichung entschieden haben.
Auch hier ist jeder Weg einzigartig, gemeinsam ist bei allen Geschwistern die Erwartung, man möge in der Familie sprechen können über das, was bewegt hat, die unterschiedlichen Erfahrungen austauschen.
In manchen Lebensgeschichten bleibt die Frage offen, warum Eltern dieses Angebot nicht annehmen konnten und weiterhin nicht können.
Ist es ihr Gefühl, versagt zu haben, nicht alles gesehen zu haben, was das Geschwisterkind bewegte, obwohl sie es doch keinesfalls vernachlässigen wollten?
Schämen sich Eltern, Erfahrungen nicht aus der Sicht der Geschwister gesehen zu haben, übersehen zu haben?
Sind sie eifersüchtig darauf, dass Geschwister mit anderen darüber gesprochen haben, statt zu ihnen zu kommen?
Welche Unsicherheiten (und Vorwürfe) stehen im Raum, können nicht an- und ausgesprochen werden?
Von Eltern wird häufiger die Absicht nicht wahrgenommen, dass es sich um Versuche der Klärung handelt, nicht um Schuldzuweisungen. Es geht um den Austausch von Erfahrungen und – wenn möglich – auch von Gefühlen, nicht mehr und nicht weniger.

Als Gesine G. ihren Text in einer Gruppe von Eltern und Fachleuten vorlas, weit entfernt vom Elternhaus, begann sie mit der Bemerkung: „Ich hatte eine gute Kindheit. Wenn Sie meine Eltern erkennen und sie treffen, bitte sprechen Sie sie nicht auf meine Geschichte an.“
Mich hat diese persönliche Einleitung sehr berührt, weil sie das innere Ringen zum Ausdruck brachte, etwas mitteilen zu wollen, ohne verletzend zu sein.
Der Text war an keiner Stelle verletzend, sondern mit großem Respekt geschrieben. Das ‚Alleingelassen-Sein' in schwierigen Situationen, die Eltern anders einschätzen als Geschwister und über die auch nicht gesprochen wird, wenn sie bewältigt sind, gehört zum Alltag von Geschwistern.
Natürlich ist manchmal ‚die Welt' klein, Begegnungen kommen unverhofft. Niemand von den Zuhörern hatte die Absicht, ‚etwas zu verraten'. Und doch war für Gesine G. diese Einleitung notwendig, *um ihre Welt, ihre Geschichte zu schützen.*
Das Thema des ‚Verrats' – die Geschwister mit Behinderung, die eigene Familie – ist lebenslang eine Auseinandersetzung von Geschwistern, die sie immer wieder einholt.
„Ich möchte von meiner Schwester erzählen“, sagte ein 45-jähriger Mann zur Einleitung eines Seminartages, „ich habe so viel erlebt und ich hatte keine Stimme, weil sich in unserer Familie alles um meine Schwester drehte. Ich liebe sie und meine Eltern, aber alles muss einmal raus. Ich möchte aber niemanden verraten.“

Wie und woran sind Geschwister manchmal zu erkennen?

Geschwister ergreifen oft Berufe im pädagogischen oder pflegerischen Bereich, Frauen mehr als Männer. Doch Geschwister mit ihrem hohen Einfühlungsvermögen in soziale, zwischenmenschliche Situationen, Situationen des Andersseins arbeiten auch in allen anderen beruflichen Bereichen.
Wenn ich mich traue, Gedanken und Zusammenhänge zuzulassen, sind sie mitunter zu erkennen an ihrem Interesse für Details, ihrem Verständnis für besondere Anfragen.
Es ist von der Sache her nicht notwendig, diese Menschen in dem Kontext des Anliegens darauf anzusprechen. Viele möchten das sicher nicht. Und es besteht immer die Möglichkeit, dass die eigene Einschätzung falsch ist.
Und zögern lässt die offene Frage, was durch ein solches Nachgehen bei einer Vermutung ausgelöst werden kann.
Manchmal ergibt es sich und dann sind die Prozesse der Auseinandersetzung, die sich daraus ergeben, spannend für alle am Prozess Beteiligten.

Verschlungenes?
Erfahrungen, Zusammenhänge, Fragen

„Ich könnte fragen, doch ich bekomme keine Antworten."

Persönliche Vorbemerkung:
In K. W. begegnete mir seit Jahren eine äußerst aufmerksame Zuhörerin für Geschwistergeschichten. Sie war empathisch, fragend, mit besonderer Aufmerksamkeit an den Begegnungen interessiert, von denen ich erzählte. Ihre persönliche Geschichte kannte ich über Jahre hinweg nicht.
Wir begegnen uns in zu vereinbarenden Zeiten aus einem konkreten Anlass und mit und in festgelegten Rollen, Aufgaben. Dabei ist es nicht wichtig (und auch nicht selbstverständlich), Hintergründe des Lebens von dem jeweils anderen zu wissen.
Ich hätte es schon lange ahnen können in ihrer besonderen Art, mit Wertschätzung eigener Wege umzugehen, mit ihrem Verständnis für besondere Räume, die für Prozesse von Auseinandersetzung notwendig sind, mit ihrem Umgang mit Freiheit und Entscheidungen von Menschen, mit Grenzen in Lebenssituationen und einer gleichzeitigen Zuverlässigkeit im Dasein, doch erst als sie mir eher nebenbei etwas mitteilte, was auf eine besondere Geschwisterbeziehung hinweisen könnte, überlegte ich eine Möglichkeit um nachzufragen.
Als ich mich traute, K. W. zu fragen, nickte sie sofort zustimmend und ergänzte:

„Ja, ich kenne vieles aus den Schilderungen, erkenne es auch in dem Buch ‚Auf der Suche nach einem eigenen Weg' wieder, aber längst nicht so heftig, wie andere Geschwister es schildern."
Es stellte sich ihr weniger die Frage nach der Zugehörigkeit zu der Gruppe der Geschwister, sondern eher die Frage, ob es Verbindungen zu Erfahrungen gibt, die zu besonderen Prägungen führten. Zusammenhänge werden letztlich nie zu beweisen sein, bewusste und unbewusste Prozesse spielen dabei eine Rolle. Ebenso wenig können mögliche Zusammenhänge mit beweisbarer Sicherheit verneint oder verleugnet werden.

Wir vereinbarten einige Gespräche in Sachen ‚Geschwistergeschichten', die ich im Anschluss zusammenfassen sollte. Die von K. W. überprüfte Form liegt hiermit vor.
Die (4) Gespräche fanden mit großem zeitlichem Abstand statt. Dadurch bestand die Möglichkeit nachzufragen, sich verschiedenen Lebensbereichen anzunähern und Fragen zu vertiefen.
Neben wichtigen Anregungen beim Austausch und dem Entdecken neuer Fragestellungen war es für mich eine weitere prägende Erfahrung in der Vermittlung von ‚Verstehen' und ‚Verstanden werden' und einer möglichst richtigen Weitergabe.

„Wenn ich eine Wand versetzen will, handelt es sich bestimmt um einen Stahlträger."

K. W. wurde 1962 als zweites Kind der Familie W. geboren, zwei Jahre nach ihrem Bruder. Sie erinnert sich an ihren Bruder in der Kindheit ausschließlich als Stotterer. Im Zusammenleben der Familie bedeutet das für sie, warten zu müssen, bis er ausgesprochen hatte, nicht über ihn lachen zu dürfen, stets geduldig zu sein. Seine Erzählungen dauerten lange, sie musste abwarten, bis sie dann an der Reihe war. Die Mutter „hielt immer die Hand über den Bruder".

Da alles untrennbar zu ihrem Alltag gehörte, war das nichts Besonderes für sie. In ihrer Familie gehörten diese Verhaltensweisen, Spielregeln und Erwartungen zur Normalität.
Das Stottern ihres Bruders bestimmte den Umgang miteinander.
Sie kannte es nicht anders. Insofern stellte sich nicht die Frage, ob das Verhalten so erwartet wurde, es war einfach selbstverständlich.
Später in ihrem Leben – als erwachsene Frau mit eigenem Kind – formulierte sie für sich die Frage und stellte die Vermutung an, ob es ihm „die Sprache verschlagen hat", als sie geboren wurde. Das würde bedeuten, dass ihre Geburt die Beeinträchtigung des Bruders verursacht hatte, ohne dass sie etwas dafür getan bzw. gekonnt hätte. Zum Zeitpunkt ihrer Geburt war er in der Phase der Sprachentwicklung.

Sie erinnert sich, dass die Eltern nichts an Therapien unversucht ließen, um ein besseres Sprachvermögen bei dem Bruder zu erreichen. Erst im jugendlichen Alter (nach 12 Jahren) gaben sie ihre Bemühungen auf.
Das Stottern des Bruders, die Suche nach immer wieder neuen Möglichkeiten der Sprachverbesserung, die unterschiedlichen Auseinandersetzungen um vorgeschlagene und eingeschlagene Wege der Behandlung, das Bemühen um weniger Auffälligkeit, das dabei im Vordergrund stand, das Scheitern mancher Versuche war und ist bis heute in der Ursprungsfamilie kein gemeinsames Thema.
Der Bruder hat später auf eine eigene und besondere Weise seine Form der Bewältigung gefunden, mit seiner Sprache umzugehen. Das wird von allen „unausgesprochen" respektiert, selbst wenn jeder vielleicht doch bemerkt, welche Sprachwendungen er vermeidet.
In seinem Beruf ist der Bruder ausgesprochen erfolgreich und kann in für ihn passenden Satzkonstruktionen immer das vermitteln, was für seinen Beruf von Bedeutung ist.

Auch an einzelne Begebenheiten in ihrer Geschwistergeschichte erinnert sich K. W.

Ihr Bruder sollte lernen Klavier zu spielen, um über das Spielen und Singen einen anderen Zugang zur Sprache zu bekommen. Das erhöht die Chance, das Stottern zu verringern oder sogar zu verlieren. Doch der Bruder entwickelte kein Interesse für das Klavierspiel.

K. W. war noch zu klein, um schon Klavier spielen zu können.
Später aber wurde das Klavier zu ihrem Instrument. Das heißt auch, dass sie mit dem Klavierspiel eine Ausdrucksmöglichkeit für ihre Gefühle hatte und hat. Sie erhielt Klavierunterricht, das Klavier wurde ein Mittel, das ‚Eigene' für sich zu finden (s. u.). In manchen Zeiten ihres Lebens spielte sie nach eigenen Aussagen „wie besessen".

K. W. erinnert sich auch daran, ihren Bruder gehänselt zu haben, wenn die Geschwister unter sich waren. Wenn die Mutter in Gesprächen dabei war, wurde er immer geschützt.
So selbstverständlich und akzeptiert das Stottern ihres Bruders auch war, in der Zeit der Pubertät begann K. W., sich wegen der Auffälligkeit des Bruders zu schämen. Sie ahmte ihn manchmal nach, auch in der Schule. Er hat sie wegen dieses Verhaltens nie an die Eltern ‚verraten'.

Beide Kinder sollten aus der Sicht der Eltern die beste Bildung bekommen, die möglich war. Aus ihnen sollte ‚etwas werden', wie es das Anliegen von Eltern generell ist.
Ihren Eltern war zum Beispiel neben einer guten Schulbildung Sport als Hobby für beide Kinder wichtig. Beide Kinder fanden ihre Sportart und übten sie als Leistungssport aus.
Die schulische Laufbahn entwickelte sich für beide Kinder anders.

Der Bruder war in der Schule erfolgreich.
K. W. brach in der Zeit der Pubertät, der Suche nach einem eigenen Weg, der Ablösung vom Elternhaus, die Schule ab. Sie zog von zu Hause aus. Ebenso gab sie den von der Familie geförderten und anerkannten erfolgreichen Leistungssport zu diesem Zeitpunkt auf.

Dem Beharren und Drängen der Eltern zu einer Ausbildung gab sie nach und wurde Medizinisch Technische Assistenten. Ihr erstes Kind, eine Tochter, wurde geboren. Sie sagt: „Da musste ich schnell erwachsen werden, um die Verantwortung tragen zu können, dem Kind und mir gerecht zu werden."

Die Tätigkeit als MTA empfand sie für sich nicht als zufriedenstellend. Sie wusste bald, dass sie etwas ändern, verändern musste in ihrem Leben. Sie konnte nicht die Kompromisse eingehen, die in diesem Bereich von ihr erwartet wurden.
Nach eigenen Aussagen fällt es ihr auch heute noch schwer, Kompromisse einzugehen. Ihre Entscheidungen selbstständig und verantwortungsvoll, aber eben auch unabhängig treffen zu können, war und ist unverzichtbare Grundlage ihres Handelns.

K. W. lebte damals in einer Wohngemeinschaft. Gemeinsam mit einem Mitbewohner – beide motivierten und unterstützten sich in unterschiedlichen Zeiten gegenseitig – machte sie dann das Abitur in einer Abendschule und studierte anschließend Medizin. Durch das

Leben in der WG und mit Hilfe von Freunden konnte sie als Alleinerziehende der Herausforderung von Kind und Studium standhalten.
Sie erinnert sich schon an die Anstrengungen dieser Jahre, verbunden mit Fahrten in eine andere Stadt, der Organisation der Betreuung ihrer Tochter. Das alles war nur mit Hilfe von guten Freunden und einer guten KITA möglich.

„Ich bin manchmal eher durch das Leben gestolpert."

Sie interpretiert ihre Aussage, indem sie erzählt, dass die Rahmenbedingungen für eine Ausbildung, Unterstützungen etc. immer gerade dann geändert wurden, wenn sie etwas Neues suchte, die Ausführung einer Entscheidung vorbereitete. Daher konnte sie sich an keinem Vorbild orientieren, musste für sich immer wieder neu beginnen, Dinge für sich erobern, erkämpfen.
Aufgegeben hat sie ihre Ziele dadurch nicht, sie vielmehr weiter verfolgt und durchgesetzt.

„Dann war das so."

(Auch hier könnte es eine Parallele zur Geschwisterbeziehung geben. Der ältere Bruder hatte nicht für sie vorbereitet, wie Spielregeln im Zusammenleben der Familie funktionierten. Er hatte immer Besonderheiten, Ausnahmen, die als selbstverständliche Erwartungen bei der nachfolgenden Schwester vorausgesetzt wurden. Das

mühsame Durchsetzen eigener Ziele war ihr auch aus der Familie vertraut. Vielleicht haben die Eltern das nicht einmal bemerkt, nicht gewollt oder sogar beabsichtigt. Es war eben nicht anders möglich.)

Wichtig war K. W. in all diesen Prozessen und Auseinandersetzungen, die eigene Unabhängigkeit zu bewahren. Wenn sie ihre Entscheidung gefällt hatte und sicher war, setzte sie sich umfassend für die Umsetzung ihrer Wünsche ein.

In ihrem beruflichen Leben als Ärztin arbeitete sie über zehn Jahre in einem städtischen Krankenhaus, spezialisierte sich während dieser Zeit im Fachbereich Diabetologie und übernahm im Anschluss eine Praxis auf dem Land.

„Ich bin auf dem Land aufgewachsen, ich wollte dort auch tätig sein."

Das Leben in der Natur und mit Tieren ist in ihrem Leben ein wichtiger Bestandteil. Sie ist mit Leidenschaft Gärtnerin und besitzt eine große Zahl von Tieren, die sie zu versorgen hat.
Der Aufenthalt im Freien mit allen selbst gewählten Aufgaben, die für sie dazugehören, ist – ebenso wie die Musik, das Musizieren – für sie eine unverzichtbare Möglichkeit, sich zu regenerieren, auch ein „wichtiger und entscheidender Teil in ihrem Leben, um dem ‚Eigenen' zu begegnen." (s. u.)

K. W. bekam noch zwei Kinder, beides Mädchen.
Jetzt wieder alleinerziehend, stellt sie sich täglich der Herausforderung selbstständiger und verantwortungsvoller Berufstätigkeit und zugleich der Erziehung und Begleitung ihrer Kinder.
Sie setzt sich für ihre Rechte ein, ebenso wie für die Rechte anderer Menschen – und das mit aufmerksamem Engagement und hoher Empathie.
Auch ihr Bruder hat drei Kinder, drei Söhne.
Das Verhältnis der Geschwister untereinander bezeichnet sie als nicht besonders innig. Allerdings gibt es einen beständigen Kontakt und Austausch, nicht nur im Zusammenhang mit Besuchen bei den Eltern.

K. W. übt ihren Beruf als Ärztin gerne aus.
Sie vermittelt das den Menschen, die sich ihr anvertrauen.
Neben großem beruflichem Können ist sie äußerst professionell in ihrem Zeitmanagement.
Sie hört Menschen gerne zu und kommt dennoch in ihrer Praxis mit dem für die Gespräche vorgesehenen, jeweils angesetzten Zeitraum aus, ohne dass sie Gespräche abwenden, abkürzen muss oder der gesamte Zeitplan eines Tages gesprengt wird.
Letzteres sind Ausnahmen in Situationen, die von ihr nicht zu beeinflussen sind.

(Hat auch zu diesem Verhalten bzw. Vermögen die Geschwistergeschichte unterstützend, verstärkend beigetragen? Sie konnte in ihrer Kindheit die Zeitdauer der

Gespräche nicht bestimmen oder lenken, sie musste abwarten. Das kann zu einer Empathie führen, die es dem Gegenüber ermöglicht, alles auszusprechen, was jemand sich vorgenommen hat, ohne ausschweifend zu werden, weil es keinen spürbaren Druck gibt, schnell sein zu müssen.)

K. W. hat ausgesprochen viel Geduld im professionellen Umgang mit Menschen, drängt nicht zu Entscheidungen, wenn ein Patient diese selbst (noch) nicht akzeptieren kann. Sie hat eine ausgeprägt hohe Toleranz für ‚eigene Wege' (andere Entscheidungen oder Nicht-Entscheidungen) von Patienten.
Sie gibt nicht auf, immer wieder neue Angebote zu Behandlungen zu machen, und sucht nach Alternativen, falls ein Patient (noch) nicht bereit ist, ihre Vorschläge anzunehmen.
Um Menschen komplexe Zusammenhänge von Erkrankungen, Prozessen im Körper vermitteln zu können, verwendet sie in Gesprächen oft Metaphern, die ihr persönlich auch das Verstehen erleichtern.
Sie malt manche Dinge auf. Die Visualisierung ermöglicht ihr, die Komplexität von Vorgängen besser beschreiben zu können.
In manchen Gesprächen verwendet sie auch Postkarten (unterschiedlichster Art, 3-D, Spruchkarten, auch humorvolle etc.). Da sie über einen stets greifbaren Vorrat an diesen Karten verfügt, ist der Einsatz weder vorbereitet noch geplant, sondern geschieht intuitiv, wenn sie das Gefühl hat, jemanden damit erreichen zu können.

Auch Humor hilft ihr in der Vermittlung oftmals schwieriger oder folgenschwerer Fakten; er schafft eine eigene und besondere Form von Abstand; sie kann einschätzen, welche Patienten damit umgehen und diese Art nutzen können. Mitunter eröffnet sie damit eine weitere Form des Umgangs mit komplexen inhaltlichen Aussagen.
Ihr Ziel ist es immer, dass Menschen, denen sie etwas vermitteln muss, die Prozesse, Zusammenhänge annähernd begreifen können, die mit ihnen, in ihnen geschehen.

Kritische Situationen gehören sozusagen als fester oder auch wiederkehrender Bestandteil zu ihrem Leben – beruflich wie privat.
K. W. stellt sich diesen Situationen, konfrontiert sich damit und findet eine persönliche und professionelle Haltung dazu, die sie zu handeln befähigt.

Aus all ihren Lebenserfahrungen hat sich ihre Lebensphilosophie geprägt. Sie lässt sich in etwa durch einige von ihr häufig benutzte, markante Sätzen beschreiben:
„Ich kenne es nicht anders.“
„Dann ist das so.“
„Trial und Error gehören zum Leben dazu.“
„Das Eigene findet dich irgendwann, zum Beispiel in Grenzsituationen, Krisen, auch in Momenten tiefster Zufriedenheit.“

Für K. W. ist es im Leben wichtig, ihre Lebensbereiche – beruflich/privat – gut voneinander zu trennen, den Herausforderungen des Lebens standzuhalten und ‚einfach' weiterzumachen.
In ihrer gesamten Lebenseinstellung ist es angesichts mancher Schicksale und Herausforderungen auch von Bedeutung, schweigen zu können und zu akzeptieren, dass Fragen (Situationen) ausgehalten werden müssen und nicht immer Antworten möglich sind, nicht gefunden werden können.
Das als Stärke und nicht als Schwäche vermitteln zu können, zeigt ihren verantwortungsvollen Umgang mit Leben von Menschen.

Die Erfahrungen im Zusammenleben mit einem Menschen mit Behinderung prägen die Lebensgeschichte der Geschwister.

Welche Fragen stellen sich im Zusammenhang dieser Geschwistergeschichte? Einige sind im Text bereits angedeutet worden.
Sind die Eigenschaften, die uns als besonders ausgeprägt auffallen, in einem Menschen nicht ohnehin vorhanden? Werden sie verstärkt durch das Zusammenleben mit einer Schwester, einem Bruder mit Behinderung und dem in der Familie erworbenen Umgang damit?
Oder müssen besondere Eigenschaften ausgebildet werden, weil sonst das Zusammenleben mit einem Bru-

der, einer Schwester mit Behinderung sehr beschwerlich ist, ja kaum möglich sein kann?
Hat das ständige Wartenmüssen, was sicher für ein Kind eine schwierige Anforderung ist, die Fähigkeit der Geduld von K. W. geprägt?
Hat sie durch ihre eigenen Lebenswege eine besondere Akzeptanz der eigenen Wege der Menschen gelernt, die sie begleitet?
Kann sie durch ihre persönlichen Erfahrungen besser als andere aushalten, dass Menschen Möglichkeiten, die sie anbieten kann, nicht annehmen wollen oder können, vielleicht Umwege machen, um später doch ihre Vorschläge neu zu überprüfen und annehmen zu können?
K. W. hat ein enormes ‚Potential' (eine ihr eigene Kraft und Akzeptanz) im Aushalten von persönlichen Entscheidungen, respektiert andere und anderes, lässt Freiheit von Entscheidungen oder Nicht-Entscheidungen ebenso wie eine ausgeprägte zögernde Haltung zu, grenzt im beruflichen Umfeld einen anderen Menschen darin nicht ein, schließt aber diesen Menschen mit seinen fordernden und anfordernden Haltungen nicht aus.
Menschen können immer wieder zu ihr kommen und neue Möglichkeiten (Möglichkeiten der Behandlung) erwägen, abwägen, bis eine selbstständige und nicht aufgedrängte Entscheidung möglich ist (‚trial und error' gehören dazu).
Sie respektiert die Unabhängigkeit eines Menschen in seinem Leben, auch wenn eigentlich eine Abhängigkeit

in einer Entscheidung für eine Behandlung, eine Notwendigkeit dazu besteht.
Sie kann Gegebenheiten widerspruchslos akzeptieren.
Sie kann Menschen Zeit (für eine Entwicklung, eigene Entscheidungen) lassen.

Finden sich in ihrer persönlichen Entwicklungsgeschichte und in ihrer persönlichen Haltung zu Lebensfragen, in ihren ausgeprägten Verhaltensweisen Spuren aus ihrer besonderen Geschwistergeschichte?
Sie selbst sagt: „Ich kann manche Zusammenhänge nicht sehen. Aber das ist ja vielleicht normal. Ich sehe bei anderen ja auch Zusammenhänge, die sie manchmal zunächst nicht akzeptieren können."

Im Erleben von Geschwistern von Menschen mit Behinderung ist es oft so, dass viele besondere und außergewöhnliche Situationen als normale Situationen im Alltag erlebt werden und daher die Wahrnehmung von besonders, außergewöhnlich und normal eine andere ist.

Erwachsene Geschwister möchten im Blick (Rückblick) auf ihr Leben sagen können:

Ich bin die, die ich bin, weil ICH so sein möchte, wie ich bin.
Vielleicht besitze ich Eigenschaften, die durch meine Geschwistergeschichte besonders gestärkt wurden.

Ich bin, die ich bin, durch die Tatsache, dass ich diesen Bruder hatte.
Durch ihn habe ich für meine eigene Lebensgestaltung so viel gelernt.

Ich wüsste nicht, wie ich wäre, wenn ich diese Erfahrungen nicht gemacht hätte.

Von elementarer Bedeutung ist dabei auch, dass man die Erfahrungen von Geschwistern als Außenstehender nicht infrage stellt, ihnen zum Beispiel eine Schwere zuordnet, die sie selbst nicht so erlebt haben oder sehen können (normal – besonders – außergewöhnlich?). Außenstehende dürfen lediglich Fragen stellen, die auch das Benennen der Schwere von Erlebnissen zulassen. Das Fazit bleibt den Geschwistern überlassen.
Eine Wertung hat durch Außenstehende nicht zu erfolgen.
Viele prägende Erfahrungen sind in einer je individuellen Form der Bearbeitung zu einem Bestandteil des eigenen Lebens geworden.
„Die Erlebnisse mit meinem Bruder sind das Wertvollste in meinem Leben. Es ist so gut, dass ich ihn hatte.“ (Erwachsene Schwester nach dem Tod des Bruders)
Viele Leistungen von Geschwistern auf sehr unterschiedlichen Ebenen in der Familie oder auch in anderen Kontexten des Lebens sind so differenziert zu sehen, dass es unmöglich erscheint, sie insgesamt zu erfassen noch sie entsprechend anerkennen zu können.

Das gilt übrigens für alle an dem Leben von Menschen mit Behinderung Beteiligten, auch für diese selbst.

Auf diesem Hintergrund bleibt es eine enorme Herausforderung, alle Leistungen zu sehen, wahrzunehmen, aber nicht zu beurteilen, manchmal nicht einmal anzusprechen oder gar anzuerkennen, aber wohl darum zu wissen – am besten im gemeinsamen Einverständnis. Wenn Belastungen und Bereicherung zugelassen werden können, ist es für den persönlichen Prozess der Bearbeitung eines Menschen unterstützend, hilfreich und wertvoll.

„Erinnern ist eine Form des Vergessens und Vergessen ist eine Form des Erinnerns.“
K. Hagena (Der Geschmack von Apfelkernen)

Der folgende Text entstand auf eine Anfrage des Vereins ‚Hilfe für das autistische Kind’. Es war ein Abend für Eltern mit Kindern mit und ohne Autismus und es stand die Frage im Raum, welche Bedeutung diese Geschwistersituation für die Kinder ohne Autismus habe. Nun ist jede Persönlichkeit und jede Geschwisterkonstellation so einmalig, dass sich nichts verallgemeinern lässt! Und doch verbinden Geschwister von Menschen mit Autismus die Erfahrungen mit den autismusspezifischen Besonderheiten im sozialen Bereich. Und so habe ich meine Vergangenheit diesbezüglich aufgerollt.
Zu mir heute: Ich bin vierundvierzig Jahre alt, verheiratet und habe zwei Kinder im Alter von zehn und vierzehn Jahren. Derzeit arbeite ich als Sonderschullehrerin an einer evangelischen Schule mit dem Förderschwerpunkt ‚Geistige Entwicklung’.
Meine Kindheit war fröhlich und gut. Ich bin glücklich, auch heute noch ein positives Verhältnis zu meinen Eltern und Geschwistern haben zu können. Meine Eltern kennen diesen Text und er führte zu einem intensiven Gespräch mit ihnen (an dem auch mein Mann teil nahm, was mir wichtig war), und das längst überfällig war. Bei dem Gespräch wurde unter anderem klar, dass meine Eltern vieles einfach nicht so empfunden und mitbekommen haben, wie ich es wahrgenommen habe.

Dies sei vorweg gesagt, um kein falsches Bild entstehen zu lassen, da ich nun Erinnerungen und damit Probleme aufzeigen möchte, die sich durch meine Geschwisterprägung ergeben haben.

Meine Geschwisterprägung verdanke ich zwei großen Brüdern, einem Jungen mit Autismus (er sei Hans genannt) und einem Jungen ohne Behinderung (hier als Fred bezeichnet). Da meine Prägung aber von so vielen weiteren Faktoren abhängt und oft unklar bleibt, was welchen Einfluss hatte, beginne ich die Geschichte weit vor meiner Geburt im Jahre achtundfünfzig.
Die junge Liebe meiner Eltern führte zur Heirat eines neunundzwanzigjährigen Dorfpfarrers im Grenzgebiet der DDR (auch Sperrzone genannt) mit einer zwanzigjährigen Bielefelderin (die hierzu ein zermürbendes Einreiseverfahren durchlaufen musste). Als meine Mutter drei Jahre später ihren ersten Sohn bekam, Hans, lief nichts so, wie es sollte. Meine Mutter war im Dorf in mehrfacher Hinsicht abgeschnitten: Sie war eine westdeutsche Frau und vor allem eine Pfarrfrau, die offensichtlich ihr Kind nicht erziehen konnte.
Zwei Jahre später kam mein Bruder Fred zur Welt. Die Jungen lebten ein weiteres Jahr auf dem Dorf. Recht abgeschnitten von der Welt – der in der DDR übliche Pfarrhaustrubel konnte in der Sperrzone nicht stattfinden, da für kirchliche Veranstaltungen keine Passierscheine vergeben wurden. So wuchsen die Jungen, gut behütet, aber als Geschwisterkinder isoliert von außen, miteinander heran. Sie spielten vorrangig ne-

beneinander. Meine Eltern sorgten sich um Hans' Entwicklung. Sie ließen ihn von verschiedenen Ärzten in der DDR untersuchen und reisten dabei durch die ganze Republik. Hans wurde zunehmend apathisch und meine Eltern wurden immer ratloser. Das Ergebnis besagte: frühkindlicher Hirnschaden mit geistiger Behinderung. Meine Eltern verließen die Sperrzone, da hier keine medizinische Versorgung gewährleistet war. Sie zogen in eine Kleinstadt. Mit der neuen Pfarrstelle kam das bunte Gemeindeleben und damit zugleich täglich viel Jugend ins Haus. Die Anregungen von außen stiegen, doch ambulante Fördereinrichtungen gab es nicht, und meine Mutter hatte als Haus-Pfarrfrau auch kein Anrecht auf Kindergartenplätze (*Regelung der DDR*). Zu dieser Zeit kam ich zur Welt – als erwünschtes Mädchen –, rund, gesund und unkompliziert.

Die Pfarrstelle war wohl deshalb leichter zu bekommen, weil keiner die unklare Wohnsituation haben wollte. Das Haus war groß und ging über zwei Etagen plus Dachzimmer. Im ersten Stock wohnten die Vorgänger meines Vaters. (Sie wohnten dreißig Jahre später, als wir auszogen, immer noch da.) So nutzten meine Eltern die Gemeinderäume als Wohnräume und zwei Zimmer unter dem Dach. Sie erkämpften sich nach drei Jahren noch ein Zimmer im ersten Stock, das wir als Kinderzimmer bezogen.

Dann kam Hans ins Schulalter. Die örtliche Hilfsschule nahm ihn nicht, da er nicht stillsitzen und kaum sprechen konnte. Zu dieser Zeit stellte eine Ärztin aus Uchtspringe die Diagnose Autismus (in DDR-Zeiten ein noch

unbekannter Begriff) und regte eine eigene häusliche Beschulung an. Meine Mutter erhielt über ihre ‚Westmutter' viel Literatur und somit brauchbare pädagogische Konzepte. Der örtliche Neurologe kannte noch mehr Mütter mit behinderten Kindern. Daraufhin eröffnete meine Mutter eine Fördergruppe mit acht Kindern mit geistiger Behinderung. Mein Bruder Fred konnte zeitgleich einen Sprachheilkindergarten besuchen, da seine Sprachverzögerung, die sich wohl aus der Anfangssituation erklären lässt, nun offensichtlich geworden war. Ich ging täglich mit in die Fördergruppe, quasi als neuntes Kind.
Die Lerngruppe meiner Mutter wurde von der Kirche gestützt, die das aber nicht dauerhaft leisten konnte. Der Staat übernahm und erweiterte die Bemühungen meiner Mutter und eröffnete somit eine erste Tagesstätte am Ort. Hier durfte meine Mutter ihre Gruppe weiterführen. Zeitgleich erhielt sie die Möglichkeit, berufsbegleitend den Abschluss zur Krippenerzieherin zu absolvieren. Leiten durfte sie die Einrichtung als Pfarrfrau nie.
Über ihre anerkannte Berufstätigkeit bekam ich einen Kindergartenplatz. Inzwischen war ich fünf Jahre alt und wurde oft von meinem Bruder Fred abgeholt, da meine Mutter nun wenig Zeit hatte. Sie hatte jetzt sehr viel zu tun, zeitweise musste sie vier Tätigkeiten miteinander vereinbaren: die Tagesstätte, ihre Ausbildung, die Familie und ihre Tätigkeit als Pfarrfrau.
Es gab im Ort sechs Pfarrer und einen Vikar. Sie war die einzige Pfarrfrau, die ‚nebenbei' arbeitete – natürlich

hatte sie jeden Abend die Gemeindeveranstaltungen in unseren Räumen vorzubereiten, zu begleiten und nachzubereiten. Somit wurden wir Kinder früh selbstständig. Wir hatten zu ‚funktionieren' – anders ging es einfach nicht – und hatten dadurch viel Zeit für uns.
Wir wohnten in einer ruhigen Sackgasse und in der Nähe lebten viele Familien. Zu unserem Haus gehörte ein großer Hof, auf dem sich oft das Kinderleben der Straße abspielte. Hans war immer dabei und Fred schmiss jeden vom Hof, der über ihn lachte. Wir beaufsichtigten Hans, aber Hans war Autist, das heißt, er spielte nicht mit uns, sondern nebenher. So wurden Fred und ich, als fünf Jahre jüngere Schwester von Hans, sehr bald zu seinen ‚Hilfserziehern'. Fred hat diese Verantwortungsrolle besonders ausgelebt, da er sich für seine jüngere Schwester gleich mit verantwortlich fühlte. Ich fand es teilweise interessant, die ‚Große' sein zu können. So spielte ich immer gerne Lehrerin und wollte Hans beispielsweise das Lesen beibringen. Wir kamen nie über die ‚Fahnenseite' in der Fibel hinaus und motivierten uns beide mittels seiner stets gefüllten Zuckertüte (er liebte Schultüten und bekam jedes Jahr eine neue). Pädagogisch wertvoll war das eher nicht[1], aber es war für uns eine Geschwisterzeit des Miteinanders.

---

[1] Pädagogisch im Sinne von Lernzuwachs, den man an Faktenwissen messen konnte. Eine Aussage über den Zuwachs an sozialen Kompetenzen steht mir so weit rückwirkend nicht zu.

WOHNRAUM

Da Hans ein Nachtmensch war, ging es bald nicht mehr zu dritt in einem Zimmer. Er schaltete die ganze Nacht das Licht an und aus etc. Meine Eltern bauten das hintere Dachzimmer aus, welches Hans bezog. Später bekamen Fred und ich das Zimmer davor – ein Durchgangszimmer zu Hans' Reich. Dieser vordere Raum gehörte mir ab meinem dreizehnten Lebensjahr allein. So waren Hans und ich immer räumlich am engsten miteinander verbunden. Die Wand zwischen uns war dünn, die Tür zog und klapperte, den heutigen Wohnansprüchen würde dies nicht mehr genügen. Ich kenne seitdem alle Lieder von Karat, Karl Dall und was mein Bruder sonst so liebte, und vor allem alle Gespräche des Tages. Hans brachte sich das Sprechen selbst bei, indem er alles wiederholte, was am Tag gesagt wurde, insbesondere alle Auseinandersetzungen und Zurechtweisungen. Ich wusste immer, wann Hans mit wem Ärger hatte, interessanterweise konnte er bald gut einzelne Stimmen imitieren.

AGGRESSIONEN

Ein schwieriges Kapitel für mich war der Umgang mit seinen Fremdaggressionen. Ich war durch unsere räumliche Situation oft der Prellbock für seine Wut.
Beispielsweise kam er wütend zu mir, wenn draußen ein Auto angelassen wurde und nicht ansprang – das gab es ja früher öfter und es machte ihn äußerst nervös. Er

ging dann auf mich los. Ich lernte bald, mich effektiv zu wehren, indem ich ihn an den Haaren nach hinten zog – immerhin war ich über einen Kopf kleiner als er. Diese Macht ihm gegenüber testete ich bewusst aus. Es kam zu einer Ambivalenz der Gefühle, die die Zeit der Pubertät zwischen uns schwierig gestaltete. Zum einen fühlte ich mich überfordert, zum anderen suchte ich die Situationen, ihn zu beherrschen. Ich sage dies so offen, da ich denke, dass viele Menschen mit Autismus öfter mit Aggressionen zu tun haben, mit denen sich die nächsten Angehörigen auseinandersetzen müssen. In meinem Fall war die räumliche Situation und damit verbundene Abwesenheit der Eltern ungünstig. Auch muss man mit den Geschwisterkindern über ihre Gefühle diesbezüglich sprechen – hier sind Eltern aber vielleicht nicht genug, zu eng am Geschehen ...? Ich habe mit meinen Eltern darüber (damals) nicht gesprochen und mein Problem des ‚Schuldig-Fühlens' und zugleich ‚Macht-Ausübens' lange mit mir herumgeschleppt.
Das Thema Eltern – Geschwistergespräche spielt auch eine große Rolle bei der Übernahme von Verantwortung – vorher und nachher –, nichts ist selbstverständlich. Um dies bewusst zu machen, gibt es gleich noch ein Negativbeispiel, die prägen sich bekanntlich tiefer ein – so auch mir.

VERANTWORTUNG

Ich brachte Hans öfter ins Bett, da die Abende meiner Eltern, wie anfangs erklärt, vom Gemeindeleben geprägt wurden. Das heißt, Hans war bald relativ selbstständig. Er ließ sich aber häufig sehr heißes Badewasser ein und bekam dann einen Kreislaufkollaps. Eines Abends kam dies wieder vor. Hans war inzwischen 18 und ich war 13 Jahre alt. Er wollte in sein heißes Wasser steigen, doch ich ließ kaltes Wasser dazu. Wir stritten, und er ging auf mich los. Ich rannte panisch in die Stube, wo meine Eltern mit einem mir fremden Ehepaar saßen. Hans kam sehr erregt hinterher. Mein Vater sprang auf und musste ihn körperlich überwältigen, bevor er ihn in die Küche führte und die Abendzeremonie mit ihm zu Ende brachte. Ich ging auf mein Zimmer und fühlte mich schuldig, weil ich wusste, dass ihnen der Besuch wichtig war. Das Paar kam tatsächlich nicht wieder.

ANERKENNUNG

Jedes Kind möchte wohl von seinen Eltern in besonderer Weise wahrgenommen und anerkannt werden. Hans zeigte dies vielleicht am wenigsten bewusst und wurde doch oft in seinen besonderen Leistungen hervorgehoben – eben weil nichts selbstverständlich war. Wenn Besuch kam, führte man sein besonderes Datengedächtnis vor – er kannte den Hundertjährigen Kalender auswendig (heute sagt er einfach: Guck selber nach).
Meine Eltern zeigten ganz bewusst, dass sie stolz auf alle drei Kinder waren, auch wenn ich das in meiner Entwicklung nicht immer so gesehen habe. Dabei konnte ich mir als Jüngste, mit dem erwünschten

Mädchencharme, einem nicht enden wollenden Redefluss und einem mäßigen Klavierspiel die Anerkennung recht einfach holen. Ich denke, hier hatte es mein Bruder Fred schwerer. Als ich ihn befragte, verneinte er es aber – er fühlte sich wahrgenommen und anerkannt. Er fand durch sein Interesse an den praktischen Dingen des Lebens die volle Anerkennung der Eltern und macht sich dadurch bis heute unentbehrlich.
Hans baute und baut aus Fischertechnik. Er kann Gebäude aus der Umwelt durch einfaches Anschauen nachbauen und kann komplizierte Konstruktionen, wie etwa ein Uhrenwerk, zum Arbeiten bringen. Mit seinen Werken wurde er in einer Fachzeitschrift abgebildet. Dies hatte meine Oma mütterlicherseits im Westen organisiert und ihm geschenkt. Sie kam regelmäßig und war dann zeitlich viel für ihn da. Die beiden hatten ein wunderbares Verhältnis zueinander. Im Gegensatz dazu wurde er von meiner Oma väterlicherseits nicht akzeptiert. In mir stritten sich bezüglich meiner beiden Großmütter Eifersucht und Wut – die Wut war größer.

BERUFSWAHL

Ich habe die Wahl meines Berufes natürlich aus meiner Prägung heraus getroffen, und sie bis heute nicht bereut. Es war ein Werdegang mit Umwegen, weil man

aus einem reaktionären[2] Pfarrhaushalt heraus keine erzieherischen Berufe, die in der DDR unter dem Begriff der ‚Volksbildung' subsumiert wurden, erlernen durfte. Da jedoch die Kinderkrippe dem medizinischen Bereich zugeteilt war, konnte ich Krippenerzieherin werden. Erst nach 1989 bin ich über Abendschulabitur und Studium Sonderschullehrerin geworden. Ich bin glücklich in meinem Beruf und würde nicht abraten, wenn Geschwister in den Bereich der Pädagogik gehen wollten. Vielleicht sollten sie sich selbst aber die Möglichkeit geben, vorher in etwas ‚anderes' hineinzuschnuppern. Ein Praktikum in einem ganz anderen Berufszweig ... Für mich gab es nie etwas außer der Pädagogik, und ich wollte immer in die Behindertenarbeit.
Ein Problem ist für mich dabei die Abgrenzung. Ob das nun mehr mit meiner Prägung durch den Bruder oder durch die immer aktive und ehrgeizige Mutter zu tun hat, bleibt vorerst offen. Ich vernachlässige eher meine Familie als meinen Beruf, und wenn ich keinen Partner hätte, der mich immer wieder erdet, würde ich wohl noch mehr Zeit investieren oder ein Kind in Pflegschaft nehmen. Doch mein Partner weist mich zu Recht auf meine Kräftegrenzen hin. Auch fordern meine eigenen Kinder noch meine Fürsorge, Liebe und Anwesenheit ein.

---

[2] Dies stand in den wenigen erhaltenen Fragmenten der Stasiakte meines Vaters.

BILDUNGSINSTITUTION

Ein wichtiger Punkt im Zuge der Inklusion ist die gemeinsame Zeit in Kindergarten, Schule etc. Bei uns stand ja keine gemeinsame Schule zur Debatte. Aber ich war kein Hortkind, was am Pfarrhaus lag, die Kinder von Pfarrern gingen nicht in den Hort. Da meine Mutter arbeitete, ging ich nach der Schule in ihre Tagesstätte und verbrachte meine Nachmittage und öfter auch die Ferienzeiten in ihrer Lerngruppe. Erst war ich dort das neunte Kind der Gruppe, dann zunehmend auch helfende Hand. Je älter ich wurde, desto seltener nutzte ich dieses Angebot.
Daheim im Freundeskreis war ich eher dominant und mitbestimmend, und Hans war selbstverständlich dabei – ohne wirklich einbezogen zu werden.
Im Kindergarten und in der Schule spielte mein behinderter Bruder keine Rolle. In der Schule war ich leise und eine Randfigur im Gruppengeschehen. Schon der Umgang mit meinem großen Bruder Fred gestaltete sich im Kontext Schule nicht immer leicht für mich. Hans habe ich in dieser Welt bewusst oder unbewusst (?) nicht erwähnt. Je älter ich wurde, desto mehr splittete ich meine Welt in eine mit Hans und eine ohne ihn.

ALTER

Meine Eltern haben den Punkt verpasst, sich von Hans zu trennen und sich sein eigenes Wohnumfeld erschließen zu lassen. Sie haben ihn vor circa zehn Jahren gefragt, ob er ausziehen möchte, und er hat ein halbes Jahr später unvermittelt gemeint: „Ja, wenn ihr tot seid." Seine Umsorgung meiner Mutter zeigt mir, dass er sich dessen bewusst ist und diesen Punkt gerne hinausschieben möchte. Für mich bleibt der Part des Betreuers, der im Ernstfall die Lösung zu finden hat. Natürlich habe ich „Ja" gesagt, als meine Eltern mich vor Jahren fragten, aber ich habe dann trotzdem meinen Lebensweg circa zweihundertfünfzig Kilometer entfernt von ihnen gestaltet. Ich hätte damals kaum sagen können, dass mir die Betreuung des Bruders zu viel wird. Ich weiß inzwischen, dass ich es nie hätte ablehnen wollen und zu dem Entschluss stehe. Mir ist bewusst, dass sich der ferne Wohnort und die Verantwortung für den Bruder schwer vereinbaren lassen. Ich brauche deshalb die Vororthilfe meines Bruders Fred. Doch die Verantwortung für Eltern und Geschwister im Alter ist immer ein umfassendes Thema. Ich denke, dass man sich dessen bewusst sein sollte und es offen besprechen muss. Ich bat meine Eltern, den eventuellen Bedarf eines Heimplatzes anzumelden und sie haben dies inzwischen getan.

DANKBARKEIT

Aktuell bin ich Hans täglich dankbar. Meine Eltern haben mit den Erscheinungen des Alters zu tun, meine Mutter hat ein multiples Herzinfarktsyndrom und mein Vater ist schon recht wackelig auf den Beinen. Doch zu dritt ergeben sie ein Gespann, das funktioniert: Mein

Vater schmeißt den Haushalt und die Buchhaltung, meine Mutter pflegt die sozialen Kontakte und ist die gute Seele des Hauses und mein Bruder Hans ist die Medikamenten-Uhr und die alles tragende Einkaufs-Stütze und außerdem der Lebensmotor für meine Eltern.

Gesine G.

Die Geschichte meiner Familie

Vu Thi Phuong Nghi

'Unsere besondere Familie' lebt auf mehreren Kontinenten. Jedes Familienmitglied hat durch das persönliche Schicksal und politische Entwicklungen eine andere Zeit mit 'seiner' Familie verbracht.

Jeder Einzelne in der Familie hat unterschiedliche Erfahrungen, Zugänge und Sichtweisen durch das Leben in und mit anderen Kulturen. Und doch gibt es ein gemeinsames 'Wir' der Familie, eine Verbundenheit, die intensiv von allen erfahren wird trotz oder gerade aufgrund der unterschiedlichen Lebensgeschichten.

Das Leben mit Behinderung ist kein offenes Gesprächsthema, doch bestimmt es alle Grundentscheidungen, verbindet auf 'besondere Weise' Menschen, Kulturen, Kontinente miteinander.

Marlies Winkelheide

Die Geschichte meiner Familie? Für andere mag sie ganz gewöhnlich erscheinen, aber in meinen Augen und in meinem Herzen wird sie immer ein außergewöhnlicher Weg bleiben, übersät von Ereignissen, Emotionen, Liebe, Mut, Prüfungen, Bestimmungen, das Ganze ruhend auf sehr wesentlichen Werten.

Ich bin die zweitjüngste Tochter (das jüngste Kind) einer Familie mit fünf Kindern, einer Schwester und drei Brüdern. Alle meine Brüder haben eine körperliche Behinderung.

Das alles hat am 5. Oktober 1950 begonnen, als mein Vater und meine Mutter, beide aus guten Familien stammend, ihr Schicksal in einer traditionellen Hochzeit in Hanoi, Vietnam, vereinten. Sie haben geheiratet, obwohl mein Vater noch studierte und in der Armee war.

Der Sold, den er in der Armee bekam, ermöglichte ihnen, ein einfaches Leben zu führen. Drei Jahre später bekam meine Mutter Zwillinge, meinen ältesten Bruder Dinh und meinen Bruder Huan. Dinh ist von Geburt an taub, Huan starb drei Monate nach seiner Geburt an den Folgen einer Gelbsucht.

Im Jahre 1954, nach dem Genfer Abkommen, wurde mein Vater heimlich nach Süd-Vietnam verlegt. Durch diese Verlegung verlor er jeden Kontakt zu seiner kleinen Familie. Meine Mutter, die von da und dort Informationen erhalten hatte, bewies große Entschlossenheit und viel Mut; sie verließ ihre Geburtsstadt, um mit meinem Bruder, der noch kein Jahr alt war, mit dem Schiff nach Saigon zu fahren in der Hoffnung, meinen Vater zu finden. Einige Monate später wurden ihre

Anstrengungen belohnt, als sie meinen Vater in einem bewegenden Wiedersehen wiederentdeckte.
Die kleine Familie war gut in Saigon untergebracht. Mein Vater setzte, nachdem er eine Prüfung in Mathematik abgelegt hatte, sein Studium der Rechtswissenschaften fort. Im Jahre 1955 kam mein zweiter Bruder Dung zur Welt.
Im Jahre 1957 vergrößerte sich die Familie. Meine Mutter gebar meine Schwester Chau. Zu dieser Zeit unterrichtete mein Vater in der Armee – mit dem festen Willen, sich weiterzubilden, um eines der jüngsten und ranghöchsten Mitglieder in der Regierung von Süd-Vietnam zu werden.
Im Jahre 1960 hatte meine Mutter große Schwierigkeiten mit meinem damals sieben Jahre alten Bruder Dinh. In der Tat, es war sehr schwierig, ihn zur Vernunft zu bringen, denn er schrie immerfort in der Hoffnung, sich selbst zu hören. Zu den Problemen um meinen Bruder Dinh gesellte sich eine weitere Prüfung, als mein Bruder Dung im Alter von fünf Jahren spinale Kinderlähmung bekam. Mein Bruder behielt Folgen dieser Infektionskrankheit zurück; sein rechtes Bein war unterversorgt.
Während dieser Zeit schloss mein Vater sein Magisterstudium der öffentlichen Verwaltung in Pittsburgh, USA, mit ‚ehrenhafter Erwähnung' ab, und das in nur einem Jahr, was bei einem ausländischen Studenten noch nie vorgekommen war.
Im Jahre 1963, als mein Vater noch außerhalb des Landes war, gebar meine Mutter, eine starke und ent-

schlossene Frau, meinen dritten Bruder, Sung. Sein Schicksal war hart, durch einen ärztlichen Fehler bei der Geburt wurde er teilweise gelähmt geboren.
Im Juli 1965 habe ich die Familie Vu vervollständigt.
1969, als ich drei Jahre alt war, gelang es meinem Vater, meine Brüder Dung und Sung im Programm von ‚Terre des Hommes' unterzubringen. Die Bewegung ‚Terre des Hommes' war 1960 in Lausanne (Schweiz) von Edmund Kaiser gegründet worden, in Deutschland am 8. Januar 1967 in Stuttgart auf Initiative des Schriftsetzers Lutz Beisel.
Das Ziel der ersten von ‚Terre des Hommes Deutschland' durchgeführten Aktion war es, verletzte vietnamesische Kinder zu retten und die deutschen Krankenhäuser mit Medikamenten zu versorgen.
Durch die Bemühungen meines Vaters sind meine Brüder nach Deutschland zur Behandlung gekommen. Zu diesem Zeitpunkt war Dung 14 Jahre alt und Sung sechs Jahre. Meine Erinnerungen an ihre Abreise sind sehr verschwommen, da ich ja erst vier Jahre alt war.
Im Jahre 1971 ist mein damals 16 Jahre alter Bruder Dung nach Vietnam zurückgekehrt. 1972 ist mein Bruder Sung, er war 9 Jahre alt, gleichfalls nach Hause gekommen. Wir waren wieder vereint, worüber ich sehr froh war.
Natürlich habe ich mich, so gut ich konnte, um meinen Bruder Sung gekümmert. Ich holte ihm, was er benötigte, und half ihm in den alltäglichen Verrichtungen.
Im Jahre 1970 hatte ich das Glück, eine junge Deutsche mit dem Vornamen Marlies kennenzulernen, die ihr

Leben aus humanitären Gründen den behinderten Kindern auf der ganzen Welt gewidmet hat. Ich erinnere mich noch daran, wie schön ich sie bei ihrem ersten Besuch bei uns fand und wie viel schöner sie mir vorkam, als sie zum ersten Mal die ‚ao dai', das traditionelle vietnamesische Kleid, trug. Ich sagte mir: Ich möchte so wie sie sein, wenn ich groß bin.

Auch nach ihren mehrfachen Besuchen in Vietnam sind wir immer in Verbindung mit Marlies geblieben, und sie ist unsere Adoptivschwester geworden. Sie ist wie eine große Schwester mit einem so großen Herzen, dass ich kaum ein passendes Wort dafür finde.

Am 30. April 1975 wurde der Schiedsspruch über Süd-Vietnam gesprochen: Wir haben den Krieg gegen die Kommunisten im Norden verloren. Es war das totale Chaos. Einige Zeit später wurde mein Vater in ein Umerziehungslager für Soldaten und Politiker des ehemaligen demokratischen Regimes eingewiesen. Das war eine höfliche Bezeichnung für ein Lager zur Gehirnwäsche und ein normales Gefängnis.
Noch heute erinnere ich mich sehr gut daran, so, als sei es gestern gewesen: Ich sehe meinen Vater, den Rucksack auf dem Rücken, zur Tür gehen und mir auf Wiedersehen sagen. Ich habe ihn dann gefragt: „Wohin gehst du?“ Er hat mir geantwortet: „Ins Umerziehungslager, und ich werde in einem Monat zurückkommen. Warte an der Tür auf mich und ich werde da sein.“

Genau am 30. Tag danach stand ich an der Tür, um meinen Vater zu erwarten. Ich habe den ganzen Tag auf ihn gewartet, ohne die Tür auch nur einen Augenblick zu verlassen, aus Angst, ich könnte ihn verpassen. Als ich merkte, dass er nicht wiederkam, habe ich viel geweint und meine Mutter gefragt, ob mein Vater sein Versprechen vergessen hätte. Meine Mutter hat mich dann fest in ihre Arme genommen und mit ‚Nein' geantwortet, es habe gewiss eine Verhinderung gegeben. Auch an den folgenden Tagen habe ich auf ihn gewartet, aber umsonst. Später habe ich begriffen, dass die kommunistische Regierung das ganze Volk im Süden von Vietnam belogen hat.
Von einem Tag auf den anderen war meine Mutter alleine, ohne ihren Mann, mit fünf Kindern, drei davon behindert. Sie hatte eine riesengroße Aufgabe, uns großzuziehen, uns zu erziehen – sie alleine. Ich habe nie gehört, dass sie sich über ihr Schicksal beschwert hätte. Es waren ihr Mut und ihre Entschlossenheit, die es ihr ermöglicht haben, diese Heimsuchungen des Lebens mit großer Würde zu meistern. Welch eine Frau!
Dann kam im Jahre 1979 ihre herzzerreißende Entscheidung (mein Vater war immer noch im Gefängnis), meine Schwester und mich als Boatpeople fahren zu lassen. Ich glaube, sie hat damals die sechs längsten Tage ihres Lebens verbracht (jetzt, da ich selbst Mutter bin, verstehe ich sie), bevor sie ein Telegramm erhielt, dass wir unversehrt in Indonesien angekommen wären. Sie hat mir später gesagt, wie sehr sie sich ge-

ängstigt hat, welche Wahnvorstellungen sie hatte und wie sehr sie es bedauerte, dass sie uns hatte fahren lassen. Sie hat aus vollem Herzen um unseren Schutz und unsere Sicherheit gebetet.
Aber unsere Zukunft stand für sie an erster Stelle, und sie hatte ihre Freude, uns bei sich zu haben, geopfert, um uns die Möglichkeit einer besseren Zukunft zu geben.
Im Mai 1979 sind meine Schwester und ich im Flüchtlingslager in Indonesien angekommen.
Sechs Monate sind wir dort geblieben. Während dieser Zeit hat Marlies nicht aufgehört, uns zu schreiben, um uns Mut zu machen. Sie hat uns Geld, Nahrungsmittel und Kleidung geschickt. Ich erinnere mich daran, dass ich nur ein weißes T-Shirt hatte, das durch die Abnutzung grau geworden war. Ich habe daher besonders stolz die schönen Kleidungsstücke von Marlies getragen.
Im Flüchtlingslager habe ich begriffen, dass wir wirklich sehr weit weg waren von unserer Familie, von der Liebe und dem Schutz unserer Eltern, von der Wärme einer Familienwohnung, den Neckereien unserer Brüder, und dass der Tag, an dem wir wieder vereint sein würden, unbekannt war. Das war der Beginn einer sehr schwierigen Prüfung.
Am letzten Oktobertag des Jahres 1979 sind wir in Kanada angekommen, als der erste schöne Schnee auf Montreal fiel. Meine Schwester wollte unbedingt arbeiten, um mich in meinem Studium zu unterstützen

und um die Papiere ausfüllen zu können, die es meinen Eltern ermöglichen würden, nach Kanada zu kommen.
Im Jahre 1982, als ich ein Darlehen und ein Stipendium für mein Studium bekommen hatte, und meine Mutter und Sung dank der Hilfe von Marlies in Deutschland angekommen waren, konnte meine Schwester ihr Betriebswirtschaftsstudium beginnen. Im gleichen Jahr wurde mein Vater endlich aus dem politischen Gefängnis entlassen und ging zu Dinh und Dung in unsere Wohnung in Vietnam.
Ich wiederhole nochmals, das alles war sehr schwierig für meine Mutter, da sie kein Deutsch sprach, alleine war und sich um einen gelähmten Sohn kümmern musste. Das Bild, das mein Onkel mir über sie nach seinem überraschenden Besuch in Deutschland vermittelte, beschrieb meine Mutter allein vor einem Stadtplan, in Gedanken vielleicht bei ihrer kleinen Familie, die verstreut auf allen Kontinenten lebte. Dieses Bild bleibt immer lebendig in meinem Geist. 1983 kam mein Bruder Dung im Rahmen der Familienzusammenführung mit Marlies zurück nach Deutschland.
Im selben Jahr hat meine Schwester geheiratet und sich endgültig in den Vereinigten Staaten niedergelassen. Aus dieser Ehe stammen zwei Kinder, ein Mädchen, Lan Chi, wurde im September 1986 geboren und ein Junge, Anh Vu, im Oktober 1987.
Im Jahre 1988 haben mein Vater und Dinh die Einreisegenehmigung für Deutschland erhalten. Im Sommer habe ich sie in Deutschland besucht. Es war die größte Freude, denn ich konnte meinen Vater nach 15-jähriger

Trennung endlich wiedersehen. Ich war ein kleines Mädchen, als er mich verließ, und ich war eine Frau, als wir uns wiedergefunden haben. Ich hatte auch mein Biologiestudium bereits abgeschlossen. Während der drei Sommermonate in Lilienthal und Bremen habe ich meinen Vater und meine Familie wieder kennengelernt. Welch schöner Lebensabschnitt, erfüllt von Glück und Liebe.
Im Jahre 1992 habe ich meinen Doktor in Zahnmedizin gemacht und habe eine Traumkarriere als Zahnärztin begonnen. Ich hätte keinen besseren Beruf wählen können, der mich so erfüllt wie dieser, und all das verdanke ich meinen Eltern. Als der Zeitpunkt meiner Berufswahl gekommen war, hat mein Vater mir eines Tages anvertraut, dass sein Traum immer war, Arzt zu werden, um den Menschen helfen zu können.
Durch den Vietnamkrieg war er jedoch nie lange genug an einem Ort, um ein Medizinstudium beenden zu können. Sein größter Traum war, dass eines seiner Kinder diesen Traum für ihn verwirklichen würde. Meine Mutter hatte mir nahegelegt, Zahnärztin zu werden, da die Arbeitszeiten für eine Frau günstiger seien und es sich trotzdem um einen medizinischen Beruf handeln würde.
Ich habe auf meine Eltern gehört, um ihnen Freude zu machen, ohne zu wissen, dass dieser Beruf im Himmel für mich vorausbestimmt war.

Alles wurde bestätigt, als ich den Sinn meiner Daseinsberechtigung entdeckte: Sorge tragen für die Men-

schen. War der Grund hierfür die Tatsache, dass ich drei behinderte Brüder hatte?
Ich glaube ja, und das aus mehreren Gründen:
Erstens, ich begreife, wie glücklich wir sind, normal zu sein, ganz gesund zu sein, und dass das menschliche Wesen ein wunderbares Geschöpf ist, das alle seine Komponenten benötigt.
Zweitens, die Tatsache, immer mit behinderten Brüdern gelebt zu haben, ermöglicht mir, die Behinderten rückhaltlos anzunehmen. Ich empfinde Mitgefühl für sie, ich habe keine Angst vor ihnen und tue alles, was mir möglich ist, um ihnen zu helfen.
Drittens, meine Einstellung als Mensch verdanke ich meinen Brüdern.
Viertens, meine Aufmerksamkeit gegenüber den Bedürfnissen der anderen, mein Scharfsinn für die Bedürfnisse der anderen haben sich im Laufe der Jahre, die ich mit meinem Bruder Sung verbracht habe, entfaltet.
Letztendlich ist es am wichtigsten, dass ich meine Daseinsberechtigung entdeckt habe, nämlich mich um andere Menschen zu kümmern (das ist es, was mich begeistert). Diese Grundüberzeugung hätte ich nicht bekommen, wenn ich in einer anderen Familie geboren worden wäre. Ich werde also meine eigenen Kinder lehren, immer anderen Menschen, die uns brauchen, zu helfen, vor allem behinderten Menschen, die nicht so viel Glück haben wie wir.
In unserer Familie ist die Behinderung nicht einmal ein Gesprächsthema. Wir leben auf natürliche und norma-

le Art damit. Das ist keine Entschuldigung für unsere Art zu leben.

Im Jahre 1999 habe ich die Liebe meines Lebens, Bruno Bernier, geheiratet. Auf unserer Hochzeit in Montreal haben wir meine ganze Familie nach 24 Jahren der Trennung vereint. Welch ein denkwürdiges Ereignis! Wir wurden überhäuft und gesegnet mit den Geburten unserer beiden Söhne, im September 2005 Marc Antoine The Huy Bernier und im März 2007 The Vinh Vu. Worte können nicht ausdrücken, wie froh und glücklich ich bin, dass ich in dieser besonderen Familie aufwachsen durfte. Alles, was ich heute bin, verdanke ich ihr. Ich kann dem Schicksal nur dankbar sein für diesen einmaligen Lebensweg, auf dem mich so außergewöhnliche Menschen begleitet haben.
Ich möchte noch kurz meine Brüder und Schwestern beschreiben, so wie ich sie wahrnehme.
Marlies stellt die Hilfsbereitschaft dar, die Widmung eines Lebens für behinderte Kinder, das Verständnis für die Psychologie der Kinder, die Erfindung von Arbeitsmethoden mit Kindern unter Berücksichtigung ihrer Persönlichkeit, die grenzenlose Großzügigkeit und Authentizität.
Dinh stellt für mich die Großzügigkeit dar, die Hingabe seiner selbst, die diskrete Art von Intelligenz, die Aufopferung, die Geschicklichkeit, die Sorgfältigkeit, die Freude an einer erledigten Aufgabe und die Liebe ohne Ende für Sung.

Dung verkörpert die Besonnenheit, die außergewöhnliche Intelligenz, die Verantwortung für die Verteidigung eines entrechteten Volkes, das Ideal einer Welt, in der der Mensch frei reden kann, die Berufung zu einem Leben für eine tiefe Überzeugung.
Chau stellt den Mut dar, die Unabhängigkeit, das Selbstvergessen für ihre nahen Verwandten. Sie schreckt vor nichts zurück, um denen, die sie liebt, eine Freude zu machen, die Großzügigkeit, die verbissene Arbeit, die Verantwortung und die Ausführung.
Sung ist der Beflissene, der Fesselnde, das Herz unserer Familie, ein Wesen mit Prinzipien, einem tiefen Glauben, Leidenschaft, Strenge, Mut, einer ruhigen und ungemessenen Intelligenz, Rücksicht, Freigebigkeit und Großzügigkeit.

Zum Schluss danke ich Papa und Mama, dass sie Leuchtturm und Wegweiser meines Lebens waren, dass sie mir das Leben geschenkt und viele Opfer für uns gebracht haben. Dass sie uns aufgezogen und erzogen und uns Grundwerte vermittelt haben.
Dass sie uns ein Zeugnis von Mut, Entschlossenheit, Liebe und Eintracht gegeben haben.

Geschützte Räume brauchen Regeln und Rahmenbedingungen

Dass Geschwistern ein eigener Raum geschaffen werden soll, in dem sie im Mittelpunkt stehen, ist vielen Institutionen und Organisation in den letzten Jahren bewusst geworden.
Geschwister von Menschen mit Behinderung werden zu Zielgruppen unterschiedlicher Angebote.
Dabei geht es oft darum, Geschwistern eigene Erlebnisse zu schaffen, Erfahrungen zu ermöglichen, die in der Familie nur begrenzt möglich sind (Essen gehen, klettern, reiten). Geschwister sollen in ihren Räumen eine Gemeinschaft von Menschen erleben können, die in einer ähnlichen Lebenssituation sind, sie sollen ein Forum haben, um über ihre Gedanken, Wünsche, Fragen sprechen zu können.

An dieser Stelle möchte ich kurz hinzufügen, was es in unserem Kontext im engeren Sinn bedeutet – dem Bildungsangebot an Geschwister –, einen ‚geschützten Raum' für Geschwister anzubieten.
Darunter sind Räume zu verstehen, Gelegenheiten, Möglichkeiten, in denen sich Geschwister als eigene Gruppe erleben können und dürfen und die sie bewegenden Themen angesprochen werden können, ohne auf Tabus zu achten.
Dazu gehören Themen wie das Finden der eigenen Rolle, des Platzes in Familie und Gesellschaft, die Auseinandersetzung mit der Geschwisterposition, mit am-

bivalenten Gefühlen, die Wahrnehmung persönlicher Wünsche, Fragen zu gesellschaftlichen Entwicklungen, Themen wie Gerechtigkeit, Normalität und der Umgang mit Grenzen.
Zu unseren Grundsätzen gehört, dass jeder, der möchte, an einem Seminar teilnehmen kann, unabhängig von der Behinderung der Geschwister, unabhängig von einer Vereinszugehörigkeit, unabhängig vom kulturellen Hintergrund, unabhängig von finanziellen Möglichkeiten (es wird immer ein Beitrag erhoben, es gibt die Möglichkeiten von Zuschüssen, Freiplätze etc.).

Wenn diese Möglichkeit des Erlebens und Gesprächs erreicht werden soll, ist es notwendig, den Raum der Geschwister so gut es geht zu schützen. Das bedeutet nicht, dass etwas in diesen Räumen stattfindet, das verheimlicht werden soll und das auf keinen Fall nach außen dringen darf.
Es geht darum, einen zeitlichen Rahmen zu schaffen, in dem Auseinandersetzungen stattfinden können, ohne von anderen Faktoren im Prozess der gemeinsamen Arbeit beeinflusst zu werden.

In der heutigen Zeit werden immer mehr ‚Räume' geöffnet, zugänglich, durchsichtig gemacht.
Menschen gehen – bedingt durch neue Medien – in der Öffentlichkeit oft nicht sorgfältig mit persönlichen Informationen um. Oft nimmt ein anderer unfreiwillig

teil an persönlichen Gesprächen, weil er sie mithören muss (Gebrauch von Handys in der Öffentlichkeit etc.).
Eltern werden in vielen Institutionen gebeten mitzuwirken, nehmen an Unterrichtsstunden teil, an Ausflügen usw.
Es ist durchaus eine Herausforderung für Eltern, wenn dann in unserer Arbeit mitgeteilt wird, dass sie keinen Zugang zu den Räumen haben. Das heißt nicht, dass sie die konkreten Räume nicht sehen können, dass sie die Mitarbeitenden nicht kennenlernen, dass sie keine Informationen bekommen.
Eltern müssen prüfen können, welchen Menschen sie ihr Kind anvertrauen. Sie haben sicher eigene Kriterien, wie sie Menschen ‚testen'. Eltern müssen ebenso Vertrauen dazu haben, dass das Kind sich mit seinem Anliegen vermittelt, vermitteln kann.
Eltern können in den Räumen für Geschwister während der Zeit der Arbeit nicht anwesend sein, auch nicht hospitieren. Es ist schwer zu vermitteln, was dort eigentlich geschieht.
Eltern wird die Gelegenheit gegeben, Informationen über die Arbeit zu bekommen. Es wird gemeinsam mit der Gruppe beschlossen, welche Informationen sozusagen nach ‚außen' gehen.
Einen Raum zu schützen bedeutet, einen konkreten Raum zu schützen und auch das, was in ihm geschieht. Dazu gibt es in unserem Kontext umfassende Vereinbarungen, die mitteilbar sind und an die sich alle halten können.

In einem ersten Überblick soll im Folgenden dargestellt werden, welche Bereiche eines geschützten Raumes einer Regelung bedürfen.
Um gleich zu Beginn auf die oft gehörte Kritik an dem ausführlichen ‚Regelwerk' unserer Arbeit zu reagieren, sei gesagt, dass wir in all den Jahren die Erfahrung gemacht haben, dass die davon Betroffenen selbst keine Schwierigkeiten damit haben, wenn sie in diesen geschützten Räumen Erfahrungen sammeln konnten.
Wer begründen kann, warum es diese Regeln gibt, kann meist mit dem Verstehen der daran Beteiligten rechnen, da die Regeln überprüfbar sind. Auf dem Hintergrund von verbindlichen Vereinbarungen lassen sich Ausnahmen schaffen und ebenso begründen.

Der Raum selbst

Ein Raum ist ein konkreter Raum. Und wichtig ist, dass alle Platz darin haben. Das bedeutet konkret, einen eigenen Platz (Stuhl) dort vorfinden. Wenn möglich, sollten alle Stühle gleich sein, zumindest die gleiche Höhe haben.
Von der Größe her sollte der Raum Platz für einen Gesprächskreis bieten.
Tische für Gestaltungsmaterial, Bücher, Spiele sind notwendig.
Ein weiterer Raum wird für einzelne Aktionen, auch Arbeitsgruppen benötigt.
Räume sollten abschließbare Türen haben.

Eine Toilette sollte in erreichbarer Nähe sein, die von Teilnehmenden ohne Begleitung aufgesucht werden kann.
Der Raum sollte nicht ausschließlich Glasfenster haben, somit ständig von anderen einzusehen sein, falls er in einem Gebäude liegt, in dem auch andere Veranstaltungen gleichzeitig stattfinden.

Mag das alles kleinlich klingen, ohne die Erfahrung, dass das alles nicht selbstverständlich, aber wesentlich ist, hätte ich eine solche Aufzählung nie gewagt.
Konkret beinhaltet der Schutz eines Raumes auch, dass für die Zeit der gemeinsamen Arbeit diese Räume ausschließlich den Geschwistern und den sie begleitenden Mitarbeitenden zur Verfügung stehen.

VEREINBARUNGEN

- ANWESENHEITSZEITEN

In der Planung eines Angebots möchte ich davon ausgehen können, dass alle Kinder am gesamten Zeitrahmen teilnehmen. Das gilt selbstverständlich auch für die Mitarbeitenden. Ausnahmen sind nach Absprache möglich.
Wenn Kinder später kommen, früher abgeholt werden etc., bleibt für sie immer etwas offen, da nicht alles wiederholt werden oder auch vorzeitig abgeschlossen werden kann. Es betrifft gleichermaßen Tages- und Wochenendveranstaltungen. Eine Grup-

pe bildet sich immer gleich zu Beginn, ein Kind, das später dazukommt, hat einen anderen Start, auch wenn die Mitarbeitenden alles tun, um ihn zu ermöglichen und zu erleichtern.

- INFORMATIONEN IM VORFELD

Ort und Zeiten, Bitten um mitzubringende Dinge sowie das Thema werden den Geschwistern mitgeteilt, bei Kindern den Eltern und getrennt in einem eigenen Brief den Kindern.
Eltern werden gebeten, wichtige Informationen vorab oder beim Bringen des Kindes mitzuteilen (Medikamente etc.). Die Einverständniserklärung für Fotos, Veröffentlichungen etc. werden erfragt.
Besondere Fragestellungen teilen Eltern häufig in einem persönlichen Telefonat, heute eher per Mail mit. Sie werden schriftlich festgehalten (siehe Information an Mitarbeitende).

- BEGINN EINES ANGEBOTS

Jeder Teilnehmer unterschreibt zu Beginn eine Teilnehmerliste.
Bei Seminaren mit Kindern unterschreiben die Kinder selbst.
Die für die Anmeldung der Kinder verantwortliche Mitarbeiterin überprüft, ob die Angaben der Familie richtig sind, erbittet eine Telefonnummer der Eltern, unter der sie gegebenenfalls erreichbar sind.

Den Eltern werden die konkreten Räume gezeigt. Sie werden spätestens verabschiedet, wenn alle Kinder eingetroffen sind oder Informationen darüber da sind, warum ein Kind nicht kommt, später kommt etc.

- INFORMATIONEN AN GESCHWISTER

- allgemein

Es wird ihnen zugesichert – ob Kindern, Jugendlichen oder Erwachsenen, dasselbe gilt ebenso für Seminare mit Familien –, dass nichts, was gesagt wird, aus dem Raum an andere weitergegeben wird, ohne ihr Einverständnis vorher einzuholen. Während des laufenden Seminars haben nur sie Zugang zu diesen Räumen, über eine Öffnung der Räume für Familienmitglieder oder andere Interessierte wird nach Absprache entschieden. Alles, was in dem Raum gesagt wird, unterliegt bei den Mitarbeitenden der Schweigepflicht.
Wenn andere, zum Beispiel die Öffentlichkeit vertreten etwa durch einen Fernsehsender, Zugang zu diesen Räumen haben sollen, wird gemeinsam geklärt, was aus diesem Raum dargestellt werden soll.

- an Kinder

Auch wenn den Kindern ein persönlicher Brief im Vorfeld zugeschickt wurde, ist nicht immer davon auszugehen, dass sie ihn gelesen haben, sich an die Informationen erinnern können.

Nicht alle Kinder wissen, dass sie in einer Geschwistergruppe sind. Ich frage inzwischen immer, ob das Kind weiß, für welches Angebot es angemeldet wurde.
Es ist wichtig, dass sich die Mitarbeitenden vorstellen, dass die Gruppe der Geschwister benannt wird, und einen kurzen Überblick zu geben über das, was sie erwarten kann.
Das bedeutet auch:
In welchem Raum sind wir?
Was ist zu beachten?
Welche Regeln gibt es hier?
(Essen, Abmelden, Umgang mit vorhandenem Material etc.)
Das heißt ebenso:
Alle Informationen bleiben im Raum. Die Mitarbeitenden haben Schweigepflicht. (Teilnehmende erzählen zu Hause, was sie möchten.) Die Eltern bekommen Informationen nach Absprache mit den Kindern. Sollten wir als Team der Meinung sein, dass Eltern über ein Verhalten, Erlebnisse direkt informiert werden müssen, bitte ich das Kind um Erlaubnis die Eltern anzusprechen, nicht im unmittelbaren Anschluss an das reffen. Dafür muss es einen eigenen Raum und Zeit geben.
Wenn es am Ende des Angebots eine Präsentation für die Eltern und Geschwister gibt, wird vorher in der Gruppe geklärt, was gezeigt wird.
(siehe Abstimmungen etc.)

Zu Beginn wird ebenso mitgeteilt, dass Fotos und eine Zusammenfassung des Seminars per Post an die Kinder geschickt werden. Alle Namen werden zum Schutz des Einzelnen aus den Protokollen genommen. Es soll nicht nachgeprüft werden, wer was gesagt hat.
Eltern wissen um diese Vereinbarung und können ihre Kinder fragen, was sie lesen dürfen von den Zusammenfassungen. Oft entstehen dabei auch Gespräche über die persönlichen Aussagen eines Kindes.

Später kommen weitere Regeln hinzu.
Ein Beispiel: Wenn in Arbeitsgruppen Texte erarbeitet werden und die Kinder und Jugendlichen ihr Ergebnis in der Gesamtgruppe vorstellen.
Möglichkeiten:

- Jeder liest seine eigene Geschichte.
- Man bittet ein anderes Kind, die eigene Geschichte zu lesen.
- Man bittet einen Mitarbeitenden zu lesen (sollte er den Text nicht vorlesen wollen, können – zu große Betroffenheit, Nähe – ist die Leitung verpflichtet zu lesen).
- Man entscheidet sich, den eigenen Text nicht vorzustellen (Absprache in der Gruppe, Hinweis, dass die Neugier der anderen noch mehr geweckt wird).

- Man liest den Text in der Gruppe vor, entscheidet aber, dass er nicht für die Zusammenfassung zur Verfügung steht.
- Wenn Texte für die Öffentlichkeit zur Verfügung stehen sollen und die Kinder das möchten, ist das Einverständnis der Eltern einzuholen. Auch können die Namen geändert werden.

- VERBINDLICHKEITEN FÜR MITARBEITENDE

Die Voraussetzungen, um in unseren Angeboten mitarbeiten zu können, wurden an anderer Stelle dieses Buches beschrieben. Hier soll es lediglich um die Absprachen während einer Tätigkeit gehen.
Die wichtigsten seien hier noch einmal kurz erwähnt.

- Kenntnisse vom Zusammenleben mit Menschen mit Behinderung, Familien behinderter Kinder
- Auseinandersetzung mit den Gedanken von Janusz Korczak (für die Arbeit mit dem konkreten Raum heißt das: beobachten – aufschreiben – fragen – nachdenken – nachfragen – miteinander besprechen – neu beobachten)
- Teilnahme an Mitarbeiterfortbildungen, verbindlich festlegten zusätzlichen Gesprächen
- Teilnahme an Supervisionen

- Verpflichtung zum Lesen von Büchern, die für die Arbeit von Bedeutung sind (Fachliteratur, Kinder- und Jugendliteratur)
- Bereitschaft zur Auseinandersetzung mit der eigenen Biografie
- Schweigepflicht

Jedes Angebot wird von einem Team mit deklarierter Leitungsfunktion begleitet.
Die Diskussionen im Plenum führt generell die Leiterin.
Die Arbeitsgruppen werden verantwortlich von den Mitarbeitenden geleitet.
Die Aufgaben der einzelnen Mitarbeitenden werden im Vorfeld geklärt und ihnen mitgeteilt (Annahme und Aufnahme von Informationen, Fotos, Verpflegung, Unterstützung der Kinder bei ihren Verantwortlichkeiten wie zum Beispiel für Bücher, Spiele).
Informationen, die Eltern kurzfristig geben, müssen an die Leitung weitergegeben werden.
Im Verlauf eines Seminars gibt es Zeiten für den Austausch zwischen Mitarbeitenden, auch eine Verständigung, wenn der Ablauf des Programms anders erfolgt als zu Beginn geplant (ein möglicher Ablaufplan liegt immer schriftlich vor).
Wichtige Informationen, die von den Kindern in Arbeitsgruppen oder Einzelgesprächen gegeben werden, sind der Leitung mitzuteilen (Fragen der

Familienkonstellation, schwierige Fragestellungen, Erlebnisse etc.).
Vorinformationen über TeilnehmerInnen, die bekannt sind, werden in der konkreten Begegnung nicht angesprochen. Vertraulichkeit muss gewahrt bleiben.
Gleichzeitig gilt, dass alle Schilderungen der Realität eines Menschen als richtig anerkannt werden, weder überprüft noch in der Gruppe korrigiert werden, selbst wenn bereits andere Informationen vorliegen. (Beispiele: Scheidungskinder stellen oftmals ihre Familiensituation anders vor als sie im Alltag gelebt wird; Behinderungen werden von Kindern mitunter anders beschrieben als von den Eltern etc.)
Welche Erfahrungen, Fragestellungen weitergegeben werden, in welche Fragestellungen Eltern mit einbezogen werden (im Anschluss an das Angebot), wird im Team diskutiert, manchmal auch unter Einbeziehung einer zusätzlichen fachlichen Meinung.

Die Mitarbeitenden sind untereinander zur Loyalität verpflichtet. Sie stützen sich gegenseitig in der Arbeit.
Über beobachtete Fehler wird in einem für Mitarbeitende geschützten Raum gesprochen.
Auf Fehlverhalten wird sofort reagiert, wenn es erforderlich erscheint.

- RAHMEN EINES ANGEBOTS

Viele Bedingungen gelten für alle geschützten Räume, sei es für einen Tag, ein Wochenende oder eine Woche. Für jedes Angebot kommen zusätzliche Absprachen hinzu, Bezugsbetreuung etc.
Besonders wichtig ist es, im Vorfeld zu überlegen, welche Themen in den unterschiedlichen zeitlichen Rahmenbedingungen ihren Platz finden können.

- ÖFFENTLICHKEIT

Der Raum eines Seminars ist grundsätzlich zu schützen.
In unserem Konzept finden Hospitationen nach Absprache nur dann statt, wenn es möglich war, die Grundlagen der begleitenden Arbeit zu vermitteln. Es werden Hospitationsverträge abgeschlossen.
Wenn die Öffentlichkeit, Presse, Fernsehen, aus den Räumen berichten möchte, wird die Möglichkeit dazu jenseits der eigentlichen Arbeit geschaffen. Die Teilnahme an solchen Interviews ist freiwillig. Bilder von Aktionen, die notwendig sind, werden gestellt.

- GRENZEN

Grenzen entstehen überall da, wo Menschen sich nicht an getroffene Vereinbarungen halten.

Nur einige seien erwähnt:

- wenn Kinder ohne Absprache und Information nicht am gesamten Angebot teilnehmen können;
- wenn Informationen nicht weitergegeben wurden (Briefe nicht weitergeleitet etc.);
- wenn Fragen an Kinder gestellt werden, die ausgeschlossen werden sollten, da der zeitliche Rahmen eine verantwortliche Bearbeitung des Themas nicht zulassen würde;
- wenn eigene Interviews durchgeführt werden (‚heimlich' durch StudentInnen, HospitantInnen), die zusätzliche Themen ansprechen;
- wenn eigene Betroffenheiten von Mitarbeitenden im Team nicht bekannt sind, die mitgeteilt werden könnten und sollten (eigene Geschwisterkonstellation etc.)

  Dazu nur ein Beispiel:

  Die (nicht mitgeteilte) Motivation einer Mitarbeiterin war in der Gruppe zu erleben, wie der eigene Bruder sich als Geschwister fühlte. Ihre eigene schwere Erkrankung war zunächst nicht zu erkennen.

  Viele daraus folgende Konflikte hätten vermieden werden können, wäre intern diese Information bekannt gewesen.

Mir ist bewusst, dass manche Veranstalter und Mitarbeitende die Klärung solch umfassender Regeln für

überzogen halten. Ohnehin lassen sich nicht alle Eventualitäten im Vorfeld klären.
Ich bin überzeugt davon, dass eine klare Struktur, der sich alle verpflichtet fühlen und die zu beschreiben ist, den Spielraum erweitert, um das zu realisieren, wofür diese Räume gedacht sind.

Anmerkung
Räume im Internet

Wie Räume für Geschwister im Internet zu schützen sind, entzieht sich meiner Kenntnis.
Das Internet bietet andere Räume für den Austausch von Erfahrungen und Darstellungen der eigenen Geschichte.
Auf eine besondere und außergewöhnliche Erfahrung bin ich durch Geschwister aufmerksam gemacht worden. Bei schülervz. gibt es noch ein Jahr nach dem Tod eines jungen Menschen (Geschwister) dessen Seite. Es werden weiterhin Einträge gemacht. Einige andere Geschwister aus der damaligen Gruppe fragten sich, ob die Familie davon weiß, wer das Recht hat, sie danach zu fragen, ob die Seite gelöscht werden kann, und was es eigentlich heißt, wenn jemand auf diese Weise weiter existiert, ohne selber eine Entscheidung darüber treffen zu können. Wer kann, wer möchte hier was und wen schützen?

Altersgemischte Angebote – eine wichtige Besonderheit

Auf eine weitere ‚Besonderheit' möchte ich doch noch eingehen.
Durch die Erfahrungen in unserer Arbeit stellt sich die Frage, ob es Parallelen gibt in der Akzeptanz einer ‚besonderen, normalen oder außergewöhnlichen' Lebenssituation von Geschwistern und der ‚besonderen Altersstruktur' in unseren Seminargruppen, die für alle den Rahmen der ‚besonderen Auseinandersetzungen' schafft.

Zu Geschwisterseminaren laden wir Kinder und Jugendliche zwischen 6 und 16 Jahren ein.
An den Seminartagen für Geschwister (ohne Übernachtung) nehmen auch schon fünfjährige Kinder vor der Einschulung teil.
All unsere Erfahrungen bestätigen diese Vorgehensweise.
Darüber hinaus gibt es eigene Angebote für Jugendliche.
Diese Zusammensetzung einer Seminargruppe bedeutet nicht, dass die unterschiedlichen Interessen einzelner Altersgruppen während der Arbeitszeiten übergangen werden.
Die Planung im Vorfeld, das Erarbeiten und Aufbereiten entsprechender Vorab-Informationen sind in diesem Zusammenhang besonders wichtig. Das Mitarbeiterteam kann sich gezielt auf die Bedürfnisse in der

Spannbreite der Altersstruktur einstellen, sie bei der Wahl der Symbole, bei der Zusammensetzung einzelner Arbeitsgruppen, der Zahl der Mitarbeitenden berücksichtigen.
Die Größe der Gesamtgruppe spielt dabei eine andere wesentliche Rolle.

Im Seminar selbst sind alle Teilnehmenden gleichberechtigt, haben eine Stimme bei Abstimmungen.
(Besonders spannend ist die Zusammensetzung dieser Altersgruppen in mehrtägigen Seminaren, in denen über die Zubett-Gehzeiten abgestimmt werden kann. Dieser Abstimmungsvorgang hat das konzentrierte Interesse aller Beteiligten, demokratische Vorgänge werden dabei mitgelernt und erfahren.)

Außenansicht – Angefragtes

Zu dieser Vorgehensweise erreichen uns im Vorfeld oft skeptische Fragen von Eltern und Veranstaltern.

- Ist das nicht für die Jüngeren zu viel, für die Älteren zu langweilig?
- Wer profitiert denn davon?
- Kann man Kindern und Jugendlichen gleichzeitig gerecht werden?
- Die jüngeren Kinder sind überfordert.
- Die Älteren sind unterfordert und nicht ausgelastet. Das spricht sie doch nicht an!

Innenansicht

Als Mitarbeiterteam erleben wir immer wieder die Besonderheit dieses einmaligen Erfahrungsaustausches zwischen jüngeren und älteren Geschwistern. Es fehlen geeignete, passende Worte, um ihn auch nur annähernd angemessen beschreiben zu können.

Die gemeinsame Auseinandersetzung mit den alle Geschwister angehenden Themen ist auf der Basis des absoluten Ernstgenommenseins mit den eigenen Anliegen und Fragen mit Gewinn für alle Beteiligten möglich.
Zum Beispiel erfahren jüngere Geschwister, dass die Auseinandersetzung mit einer Geschwisterbeziehung länger andauert. Das ist für sie nicht bedrohlich, weil sie gleichzeitig erleben können, welche Formen des Umgangs mit den Herausforderungen und Fragen möglich sind, welche Wege andere schon gefunden haben.
Die Älteren erkennen durch die Beiträge der Jüngeren, was sie schon alles geleistet, welchen Weg sie schon zurückgelegt haben. Das stärkt ihr Selbstbewusstsein.
Wenn in der Gesamtgruppe aus den Arbeitsgruppen berichtet wird, in denen die Teilnehmenden nach ihrem Alter getrennt waren, wird mit einem außergewöhnlichen Interesse allen zugehört. Es wird dabei verglichen, welche Erfahrungen beschrieben werden, welche Ähnlichkeiten und Unterschiede bei den

Schwerpunkten in den einzelnen Altersgruppen zusammengetragen wurden.

Es gibt Themen, die für alle wichtig sind:
- der Umgang mit Zeit,
- die Aufmerksamkeit der Eltern,
- das ‚Verteidigen-Wollen und -Müssen' in der Schule (aus eigenem Antrib, nicht als Auftrag der Eltern),
- das Gehänselt-Werden,
- die empfundene Einsamkeit u. a.

Bei diesen kommt es zu einem gemeinsamen Gedankenaustausch. Und jeder Beitrag, gleich von welchem Teilnehmer aus jeder Altersgruppe, wird gleich gewichtet.

Es ist für mich auch nach all den Jahren an Erfahrung immer wieder beeindruckend, welche Formen des intensiven Zusammenarbeitens bei einem gemeinsamen Ziel – das Leben mit der Herausforderung im Zusammenleben mit einer Schwester, einem Bruder, Brüder mit Behinderung gut zu bewältigen – möglich sind. Es entwickelt sich in einer solch altersgemischten Gruppe von Kindern und Jugendlichen eine bemerkenswerte Konzentration auf der Suche nach Antworten auf Lebensfragen, der Erwachsene nur mit absoluter Hochachtung begegnen können. Die Kinder und Jugendlichen sind im positiven Sinn neugierig auf die Beiträge aller und sind fähig, in einer Stille zuzuhören, die vergessen lässt, welch unterschiedliche Kinder im Alter, in der Bildung, Kultur in einem Seminar zusammenkommen, welche eigenen Erlebnisse sie oftmals als Sonderlinge und Außenseiter in anderen Gruppen mitbringen.

Auf einem Seminar äußerte ich mein Erstaunen darüber und erhielt zur Antwort:

„Wir wissen alle, wie sich das anfühlt, Außenseiter zu sein. Deshalb funktioniert das Zusammensein hier im Seminar, auch wenn einige manchmal nervig sind. Wir können ja auch alles ansprechen, ohne Angst haben zu müssen, deswegen gemobbt zu werden.“ (Inga, 11 Jahre)

„Es ist angenehm, von anderen zu hören, wie sie das machen.“ (Pauline, 13 Jahre)

Bei einer derartigen Gruppenkonstellation kann nicht zwangsläufig vorausgesetzt werden, dass jüngere Teilnehmende weniger zu bewältigen haben als ältere. Unterschiedliche Faktoren spielen dabei eine Rolle, das Alter, die Konstellation der Familie – immer mehr Kinder aus Patchworkfamilien besuchen die Seminare, die Zugehörigkeit zu einer Kultur, Glaubensgemeinschaft, das Erleben der Behinderung, Formen der Begleitung und Behandlung etc.
Wenn es in Phasen des Zusammenseins einer Gruppe zu unruhig wird, gibt es verschiedene Formen der Reaktion. Einzelne Kinder oder Jugendliche können mit anderen Aufgaben beschäftigt werden, dürfen zeitgleich Zeichnungen machen etc.

Wenn eine derart altersgemischte Gruppe zusammenarbeitet, ist eine ausreichende Zahl an Mitarbeitenden eine entscheidende Voraussetzung.

Nicht unwesentlich bei dieser Gruppenkonstellation ist die Möglichkeit, hier für einen begrenzten Zeitraum andere ‚Geschwisterbeziehungen' erleben zu können, unterstützt durch die gemeinsame Basis einer besonderen Geschwisterbeziehung in der eigenen Familie. Das ist das ‚besondere Außergewöhnliche'. Jüngere und Ältere spielen zeitweise in den Pausen zusammen, freiwillig und mit Freude.
Der kleine Bruder, der in der Familie der kleine große Bruder ist, erlebt hier vielleicht den großen Bruder, mit dem er Fußball spielen kann.
„Ich habe einen Bruder, aber ich hätte gerne einen richtigen. Ich muss auf meinen Bruder aufpassen, obwohl ich der Jüngere bin, und er sitzt im Rollstuhl und kann nicht Fußball spielen." (9 Jahre)
Und der größere Bruder, den er hier finden kann, hat vielleicht einen kleinen Bruder, mit dem er das Spielen in dieser Form nicht erleben kann. Ältere können noch einmal so richtig das Spielen genießen, was in der eigenen Altersgruppe nicht mehr angesagt, ‚in' ist.
Ein anderer größerer Bruder, der eine schwerst mehrfachbehinderte kleine Schwester hat, beobachtet in der Gruppe, was jüngere Mädchen alles beschäftigen kann.
Eine große Schwester unternimmt freiwillig etwas mit einem jüngeren Bruder.

Ein jüngerer Bruder darf einfach sein wie er ist und muss nicht der ‚kleine Große' sein, muss sich keine Gedanken machen, wie seine Ausgelassenheit auf den älteren Bruder wirkt.
Dabei ist auch in einer Geschwistergruppe gegenseitige Rücksichtnahme erforderlich. Nicht alle Wünsche können zufriedengestellt werden. Es gibt Konkurrenzen und Streit und die Chance, aus dieser Situation anders zu lernen, als es zum Beispiel auf dem Schulhof möglich ist.
Hier können gezielt Verhaltensweisen wie zum Beispiel ein adäquates ‚Sich-Wehren-Können' erprobt werden, wie es in manchen Familien nicht erlernt werden kann.

Der Charakter der (unterstützten) Selbsthilfegruppe wird hierdurch noch einmal hervorgehoben. Je mehr unterschiedliche Lebenssituationen es gibt, desto mehr kann man von verschiedenen Lösungsmöglichkeiten profitieren.

Meine Erfahrungen mit Geschwisterseminaren

Paul

Ich bin 15 Jahre alt und habe eine um 3 Jahre jüngere behinderte Schwester, die Tuberöse Sklerose hat. Aufgrund dieser Behinderung braucht sie immer die volle Aufmerksamkeit einer oder mehrerer Personen, was auf Dauer sehr anstrengend werden kann.

Als ich 10 Jahre alt war, ging ich das erste Mal auf ein Seminar von Marlies Winkelheide. Meine Mutter hatte von einer Freundin von der Arbeit mit Geschwistern behinderter Kinder erfahren. Das war ein Familienseminar, das an der Nordsee stattfand. Ich wusste nicht, was mich erwartet, und auch nicht, was auf einem Seminar überhaupt gemacht wird. Innerhalb des Familienseminars gab es eine eigene Geschwistergruppe.
Ein wichtiger Bestandteil von allen Geschwisterseminaren sind die Postkarten mit unterschiedlichen Motiven. Sie bilden den Rahmen. Am Anfang und am Ende eines jeden Seminartags kann sich jeder eine für sich aussuchen. Wenn sich die Gruppe das erste Mal trifft, sagt man, wie man heißt, wie alt man ist, dann wie es einem geht und welche Erwartungen man an den Tag/die Woche/das Wochenende hat. Am Ende gibt man eine Rückmeldung zum Erlebten, was einem gefallen hat, was beeindruckend war, was überraschend, was man gerne länger gemacht hätte und was anders hätte sein können.

Zu jedem Seminar gibt es ein Thema, über das gesprochen und diskutiert wird. Das steht schon in der Einladung. Allerdings kann man auch eigene Themen mitbringen. Danach wird immer gefragt. So kommt es vor, dass von dem vorgegebenen Thema abgewichen wird und ein in diesem Moment wichtigeres Thema für alle Teilnehmenden besprochen wird. Auf einem Seminar wird die meiste Zeit in Kleingruppen gearbeitet und die Ergebnisse werden dann in der großen Gruppe präsentiert. Die Kleingruppen sind immer unterschiedlich aufgebaut und werden auch immer wieder gewechselt. Manchmal gibt es Jungengruppen und Mädchengruppen, mal nach dem Alter getrennt, mal Ältere mit Jüngeren zusammen und manchmal bilden Kinder/Jugendliche mit ähnlichen Familiensituationen eine Gruppe.
In der großen Gruppe werden die Ergebnisse aus allen Kleingruppen vorgestellt und diskutiert. Manchmal gibt es dazu auch Rollenspiele.
Bei diesen Runden fällt mir immer wieder auf, wie geduldig und konzentriert alle zuhören bzw. sich in die Diskussion einbringen. Es ist nicht wie in der Schule, wenn immer jemand dazwischenredet oder es irgendwo raschelt, sondern es ist still und man hört nur denjenigen, der spricht. Und das machen alle, die Jüngeren und die Älteren.
Als ich die ersten Male an Seminaren teilnahm, musste ich fast immer weinen, wenn ich über meine Schwester und die Familiensituation sprach. In diesen Situationen wurde mir erst richtig bewusst, welchen Belastungen ich zu Hause ausgesetzt bin, und dass es richtig

ist, diese Belastungen in der Geschwistergruppe anzusprechen. Ich merkte immer mehr, dass man mir zuhörte, mich verstand und mich nie auslachte. So wurde ich mit der Zeit immer selbstbewusster und konnte ohne Probleme alles erzählen.
Zwischen den Arbeitsphasen gibt es immer wieder Pausen, die circa 15-30 Minuten dauern. In dieser Zeit kann man die Spiele und Bücher nutzen, um sich ein bisschen abzulenken. Zu jedem Seminar und auch zum jeweiligen Thema werden sie eigens mitgebracht. Bei gutem Wetter wird auch draußen gespielt und getobt, was nach der manchmal doch anstrengenden Arbeit sehr entspannend ist.
Bei allen Geschwisterseminaren wird mit Symbolen verschiedenster Art gearbeitet, zum Beispiel gab es Spiralen, die unser Leben darstellen, oder Briefmarken (die 4 Elemente, Leuchttürme), Würfel, Murmeln, Steine und vieles mehr.
Es gibt auch Symbole, die wir selber herstellen, wie eine Murmelbahn aus Papier, die, genau wie die Spiralen, unser Leben darstellen soll, mit all seinen Kurven, steilen Anstiegen und anderen Hindernissen.
Aber auch andere Sachen werden gestaltet, denn bei jedem Seminar gibt es Aufbewahrungsorte für die Symbole, das können Taschen und kleine Koffer sein, aber auch Bücher oder Rollen.
Seit meinem ersten Seminar 2006 hab ich bis heute regelmäßig Geschwisterseminare und die Bremer Geschwistergruppe besucht, und ich hab gemerkt, dass jedes Seminar anders ist. Ich war auf Seminaren mit

jugendlichen Geschwistern, auf Familienseminaren, auf Seminaren für Geschwister behinderter Kinder mit Tuberöser Sklerose (WE) und auf Geschwisterseminaren, bei denen die Gruppe eine Woche zusammen war und in einem Bildungszentrum übernachtet hat.

Unter Jugendlichen haben wir ausgetauscht, wie wir jetzt unsere Erfahrungen sehen, was wir wollen. „Wir brauchen mehr Zeit für uns. Wir möchten mehr selber bestimmen, was wir machen. Wir wollen unsere Schule gut schaffen. Wir setzen uns weiter dafür ein, dass unsere Geschwister anerkannt werden."

Ein Seminar, das sehr besonders war, war eins für Geschwister behinderter Kinder mit Tuberöser Sklerose, da es hier letztendlich nur vier Teilnehmer und drei Mitarbeitende gab. (Als die Mitarbeitenden schon im Auto unterwegs waren, haben sich drei Kinder wieder abgemeldet.) Die kleine Zahl von Teilnehmern führte dazu, dass man sehr rasch ein klares Bild von den Familiensituationen der einzelnen Teilnehmer hatte.

So konnte man ganz schnell arbeiten und außerdem viele eigene Fragen stellen und diskutieren, die Behinderung aller Geschwister war ja dieselbe. Wir konnten uns intensiv über deren Besonderheiten austauschen: ihre Wutanfälle, ihre Macken, wenn sie immer etwas Bestimmtes tun wollen, die Macht, die sie damit haben, die Zeit, die sie brauchen, die Hilflosigkeit, wenn unsere Geschwister ausrasten, unsere Verantwortung, die Angst bei Operationen und wenn sich die Behinderung verschlechtert.

Aber auch alle anderen Seminare haben mir gefallen, ich habe immer Freunde gefunden und man trifft auf verschiedenen Seminaren auch immer wieder bekannte Gesichter.
Für mich steht fest, dass ich bis jetzt bei jedem Seminar neue Erfahrungen mitnehmen konnte und es sich immer gelohnt hat teilzunehmen.

PS:
Zusätzlich habe ich manchmal Einzelgespräche mit Marlies in der Beratungsstelle, weil es immer etwas gibt, über das ich mit jemandem reden muss, und weil ich dort auch kurzfristig hingehen kann und über etwas sehr Aktuelles reden.

Entwicklungen

Ich bin 10 Jahre alt. Ich bin hier das erste Mal in der Geschwistergruppe. Ich bin hier, weil ich einen Bruder habe, der behindert ist. Er sitzt im Rollstuhl.
Ich habe hier erfahren, dass es auch noch andere Geschwister gibt, die auch unter der Behinderung des Bruders oder der Schwester leiden müssen. Hier habe ich auch erfahren, dass es eine große Herausforderung ist, mit einem behinderten Geschwisterkind zu leben. Hier in der Gruppe habe ich herausgefunden, wie man denn mit einem behinderten Geschwisterkind umgehen muss.
Beim ersten Mal in dieser Gruppe habe ich gestaunt, wie viele Kinder in der (fast) selben Situation sind wie ich. Ich war auch etwas erleichtert, als ich sah, dass ich nicht die Einzige bin, die in solch einer Situation steckt. Ich finde es toll, dass es so eine Gruppe gibt, denn als ich hierher kam, hatte ich ziemlich dolle Kopfschmerzen. Danach (als ich 3 Mal hier war) hatte ich keine mehr.
Ich hatte vorher schon 6 Wochen lang Kopfschmerzen. Meine Mutter sagte: So geht das nicht weiter! Ich mache dir einen Vorschlag. Du gehst am ... zu M. und wir gucken mal, wie es dir gefällt. Nach dem dritten Mal waren die Kopfschmerzen weg. Ich habe mich sogar schon für die nächste Gruppe angemeldet.
Hier haben wir drei Mappen gekriegt. Die eine größer als die andere. Zum Reintun haben wir ja auch mehr als genug bekommen.

Ich finde es toll, dass es solche Gruppen gibt, und ich bin froh darüber, dass sie (meine Eltern) mich hierher geschickt haben, denn ich fühle mich hier sehr wohl.
Ich freue mich schon auf die neue Gruppe und bin sehr gespannt, was wir noch für Themen besprechen werden.
(Mädchen, 10 Jahre)

Ich bin von Anfang an gerne hierher gekommen. Ich habe ganz viel gelernt. Ich denke gerne an die Zeit in der Geschwistergruppe. Meine Mutter kauft mir heute ein Boot als Andenken an Bremen. Ich habe ganz viel über meine Schwester gelernt. Die Sitztänze haben mir besonders viel Spaß gemacht.
(Junge, 7 Jahre)

Ich habe gelernt, dass ich ich bin und du du bist. Dass jeder eine eigene Entscheidung und Meinung hat. Ich habe mich entwickelt, Mut zu kriegen. Ein Teil der Entwicklung ist durch dieses Jahr Geschwistergruppe passiert. Ich habe schon an mehreren Geschwistergruppen teilgenommen.
(Mädchen, 8 Jahre)

Ich bin seit zwei Jahren dabei und habe gelernt, dass es einem gut tut, mit den anderen über die Behinderung der Schwester, des Bruders zu reden.
Ich habe, bevor ich hier in der Geschwistergruppe war, eigentlich nicht viel über meinen Bruder geredet (oder auch gar nicht). Sonst hatte ich sozusagen immer ei-

nen Kloß im Hals, wenn ich über meinen Bruder geredet habe, und meine Stimme war immer ganz leise. Jetzt kann ich ganz normal über ihn reden, das finde ich gut!
(Mädchen, 9 Jahre)

Ich bin durch die Gruppe immer bestärkt und motiviert worden weiterzumachen und durchzuhalten. Ich habe immer gespürt, dass ich mit meinen Problemen nicht alleine bin.
Das ist ein gutes Gefühl.
Auch diese Gruppe hat mir wieder sehr viel Spaß gemacht. Ich bin einfach gerne mit den anderen zusammen.
Ich denke zwar, dass ich mittlerweile nicht so viel Hilfe brauche wie früher, dafür macht es mir jetzt umso mehr Spaß, die anderen zu unterstützen und zu begleiten.
Auch dieses Mal konnte man wieder sehr gut beobachten, wie die Gruppe zusammengewachsen ist. Alle haben sich nach und nach integriert und miteinander angefreundet. Ich denke, heute sind alle froh, dass sie an der Gruppe teilgenommen haben.
(Junge, 16 Jahre)

Geschwistergruppe Bremen 2010/2011

Kanten akzeptieren

Tom, 14 Jahre

In den letzten Jahren bin ich reifer und vernünftiger geworden, aber manchmal möchte ich gar nicht vernünftig sein. Ich möchte mir nicht immer Gedanken um alles machen müssen. Ich will einfach mal völlig sorgenfrei machen können, was ich mag, aber wenn ich das tue, vergesse ich die wichtigen Dinge, die leider auch gemacht werden müssen.

Die Geschwistergruppe ist nicht dafür da, mir zu zeigen, dass ich das kann, sondern mich dabei zu unterstützen, auch die wichtigen Dinge nicht außer Acht zu lassen. Deshalb finde ich es immer wieder wichtig, sich in der Klein- und Großgruppe auszutauschen und sich Anregungen für die Bewältigung der eigenen Probleme zu holen.

Diesen Problemen kann man aus dem Weg gehen und das wird auch oft getan, aber zu dem Preis, dass man sich selber aufopfert. Das kann lange gut gehen, aber man kann es nicht aushalten. Irgendwann muss man sich den Problemen stellen, auch wenn es nicht angenehm ist. Sie sind da und man kann sie nicht ignorieren. Es werden auch ständig neue Probleme hinzukommen. Das wird nie aufhören, aber man muss sie immer wieder angehen.

Ich glaube, jeder denkt anders, wie viel ihm die Gruppe gibt. Auch wenn sie sehr viel gibt, können einige Menschen nicht von Anfang an damit umgehen. Sie müssen sich erst langsam für die Gruppe öffnen.

Für mich ist die Gruppe sehr wichtig, da ich hier Pause von meinen Problemen möchte. Und sie objektiv betrachten kann. Erst dann sehe ich die Parallelen zwischen meinen und den Problemen anderer Geschwister.
Wir haben die gleichen Probleme, nur auf unterschiedliche Weise. Deshalb werden hier auch die mit ihren Ecken und Kanten akzeptiert. Jeder hat die – und das ist auch gut so. Sie machen uns einzigartig.
Sie verursachen Probleme, aber dann sollte man nicht probieren, die Ecken abzurunden, sondern die Probleme zu lösen, denn das ist vielleicht nicht einfacher, aber man bleibt sich dabei treu. Und das ist wichtig (richtig).
Die Gruppe vermittelt das Gefühl, dass diese Kanten natürlich sind. Durch die findet man wahre Freunde, denn sie akzeptieren diese Kanten einfach. Sie ignorieren sie nicht. Sie runden sie nicht ab, sie verstehen sie vielleicht auch nicht immer, aber sie akzeptieren dich, so wie du bist: dich und deine Kanten.

Erkläre mir, und ich werde vergessen.
Zeige mir, und ich werde mich erinnern,
lass es mich selber tun, und ich werde verstehen.
(Konfuzius)

Hoffnung – Hoffnungen

Sich auf das Gedankengut des Arztes, Pädagogen und Schriftstellers Janusz Korczak (1878-1942) einzulassen, erscheint vielen Menschen, auch denen, die an der Art unserer Begleitung von Geschwistern interessiert sind, als zu mühsam, weder erforderlich noch notwendig.
Es ist zweifelsohne für jeden eine Herausforderung, sich mit dem Werk von Janusz Korczak zu befassen. Das Lesen der Texte ist anstrengend und fordernd. Seine Sprache kommt aus einer anderen Zeit, ist uns fremd.
Er beschreibt viele Details bei seinen Beobachtungen von Kindern. Beim Lesen auch nur eines Textes stellen sich bereits zahlreiche Fragen: Brauche ich das wirklich? Was kann ich heute damit anfangen? Muss das sein? Muss man das alles sehen? Warum soll das gesehen werden? Will ich das eigentlich? Dafür habe ich doch ohnehin keine Zeit in meiner Arbeit, das passt nicht!
Vielleicht sollte man mehr über die Zeit wissen, in der er gelebt und gearbeitet hat, die gesellschaftlichen und politischen Bedingungen, unter denen seine Forderungen über den Umgang mit Kindern entstanden sind.
Und dass die Auseinandersetzung mit dieser Zeit des Nationalsozialismus eine belastende ist, wissen wir alle.
Daher fragen viele, warum die Erfahrungen von Janusz Korczak heute noch aktuell sein sollen.

Meiner Meinung nach könnte die Rückbesinnung darauf gar nicht aktueller sein. In vielen gesellschaftlichen Bereichen (auch in Schulen) fordern wir Mitbestimmung und die Übernahme von Verantwortung.
Der Wert erfahrener Anerkennung für erbrachte Leistungen wird in der Öffentlichkeit diskutiert.

Janusz Korczak hat Kinder auf eine umfassende Weise vom Anfang ihres Lebens an ernst genommen und versucht, ihre Botschaften zu entschlüsseln und zu verstehen – und das bis ans Ende ihres Lebens.
Seine aufgeschriebenen Beobachtungen sind ungeheuer aufschlussreich. Sie zeigen oft detailliert auf, aus welchen Zusammenhängen sich Verhaltensweisen erklären und erschließen lassen.

Janusz Korczak hat fortwährend Gruppen von Kindern beobachtet, mit ihnen das Leben auf engstem Raum geteilt.
Er hat Achtung vor ihnen gehabt (Das Recht des Kindes auf Achtung) und sie gelehrt, Achtung voreinander zu haben (vor dem Menschen, seinem Eigentum, seiner individuellen Geschichte).
Er hat ihnen Verantwortung übertragen.
Um das Zusammenleben im Waisenhaus regeln zu können, durften die Kinder in allen Bereichen ihres Zusammenlebens mitbestimmen. Es gab nur wenige erwachsene Bezugspersonen für die Begleitung der Kinder.
Die Kinder vereinbarten gemeinsame Grundlagen und Spielregeln, die dann für alle – Kinder wie Erwachsene

– verbindlich waren. Regeln wurden vereinbart, erprobt, kontrolliert, geändert (Kinderparlament, Kindergericht, Verantwortliche).
Die Basis des Zusammenlebens (auch der Rechtsprechung des Kindergerichts) waren Werte wie ‚erklären und verzeihen können'.
Er lehrte die Kinder, über ihre Gedanken und Gefühle zu schreiben (Veröffentlichung in einer Kinderzeitung, das Formulieren von Anträgen). Im Waisenhaus gab es viele Bekanntmachungen und Aushänge, die für alle zugänglich und wichtig waren. Ältere halfen Jüngeren beim Lesen; Jüngere waren interessiert, schnell lesen zu lernen.

Janusz Korczak setzte sich auch auf politischer Ebene in seiner Zeit für die Umsetzung der Rechte von Kindern ein.
Er hatte zeit seines Lebens Visionen von einem friedlichen Zusammenleben von Menschen, die er den Kindern als Sehnsucht vermittelte.
Manche seiner älteren Zöglinge haben ihm vorgeworfen, sie nicht auf das Überleben in dieser schrecklichen Zeit vorzubereiten (Kampf, Ungerechtigkeit, Vorurteile etc.). Sie hatten diese Welt vor ihrem Leben im Waisenhaus kennengelernt und mussten später in diese brutale Welt zurückkehren.

Janusz Korczak blieb immer ein Suchender.
Ich habe einen Forscher – keinen Erfindergeist.
Forschen, um zu wissen?

Nein.
Forschen, um zu finden, bis auf den Grund vorzudringen?
Auch das nicht.
Also forschen, um immer weiter – und weiterzufragen.
Ich richte meine Fragen an Menschen (kleine Kinder und Greise), an
Tatsachen, Ereignisse, Schicksale. Mich packt nicht der Ehrgeiz, eine Antwort
zu finden, ich möchte vielmehr zu weiteren Fragen vordringen
nicht unbedingt nach demselben Gegenstand.
(Janusz Korczak: Tagebuch aus dem Warschauer Ghetto)

Die Begleitung von Kindern, sie dabei absolut ernst zu nehmen, war sein Lebensthema.
Er begleitete die Kinder bis ans Ende ihres Lebens.

Er lehrte die Erwachsenen, genau hinzusehen, zu beobachten, aufzuschreiben, aus dem Schreiben und den Beobachtungen ihre Fragen zu formulieren, aus dem Gespräch darüber zu erkennen, was die Kinder mitteilen wollen und was sie benötigen, genau zu erkennen und zu prüfen, was in der Umsetzung im Alltag möglich sein könnte.
Im Waisenhaus in Warschau waren alle immer in einer Gruppe, in einer sehr großen Gruppe, und auf engem, engstem Raum zusammen.
Janusz Korczak konnte den ihm Anvertrauten, bedingt durch die gesellschaftlichen Verhältnisse, nicht alle

Grundbedürfnisse befriedigen (für das Alleinsein als elementare Erfahrung gab es zum Beispiel nur äußerst begrenzte Möglichkeiten).
Er vermittelte den Kindern ihren Wert, ihre Würde und das Gefühl, wichtig zu sein.

Ist das Konzept unserer Arbeit ohne die Grundlagen der Gedanken von Janusz Korczak denkbar?
Für uns ist es untrennbar. Das heißt nicht, dass wir uns in allen Entscheidungen darauf berufen, vorher nachlesen etc.
Das heißt ebenso nicht, dass wir allen Teilnehmenden und Interessierten davon erzählen, sie zu überzeugen versuchen. Mitarbeitende im Team sind verpflichtet, sich mit den Gedanken von Janusz Korczak zu befassen. Gemeinsame Fortbildungen tragen dazu bei, das Wissen zu vertiefen und die Anwendbarkeit in der heutigen Arbeit mit Kindern zu überprüfen.

Alle Vorbilder, Leitbilder, Grundlagen, Bücher u. a., von denen sich ein Mensch angesprochen fühlt, müssen zu persönlichen Gedanken, Aufforderungen und Anforderungen werden, um sie auf das persönliche Umfeld übertragen zu können. Nur so kann ein Mensch sich etwas zu eigen machen und dann danach handeln.

„Wie, wann, wie viel – warum?
Ich ahne viele Fragen, die auf Antwort warten, Zweifel, die Aufklärung fordern.
Und ich antworte „Ich weiß nicht“.

Immer, wenn du ein Buch aus der Hand legst und beginnst, den Faden eigener Gedanken zu spinnen, hat das Buch sein angestrebtes Ziel erreicht.
Wenn du rasch umblätterst – Vorschriften und Rezepte suchst und dich ärgerst, dass es so wenige sind – wisse, falls es da Ratschläge und Hinweise gibt, entspricht das nicht dem Willen des Autors.
Ich weiß nicht und kann nicht wissen, wie mir unbekannte Eltern unter unbekannten Bedingungen ein mir unbekanntes Kind erziehen können – ich betone – können, nicht – wollen, und auch nicht – sollen.
...
Ich möchte, dass man versteht, dass kein Buch, kein Arzt (kein Pädagoge, Ergänzung) den eigenen aufmerksamen Gedanken, die eigene genaue Betrachtung ersetzen können."
Aus: Wie liebt man ein Kind (Janusz Korczak)

Wir verschweigen ebenso nicht, dass wir uns an dem Gedankengut, an den Anregungen von Janusz Korczak orientieren, dass wir immer wieder nachlesen, um neu und anders begreifen zu können, was gemeint ist. Manche seiner in den Büchern beschriebenen Aussagen, Erfahrungen, Beobachtungen, Hinweise erschließen sich erst mit der Zeit, mit der Entwicklung eigener Fragen auf dem Hintergrund von Erlebnissen und Erfahrungen in der Arbeit mit den Kindern.
Wir schlagen nicht ständig in dem sehr umfangreichen Werk von Janusz Korczak nach, doch wir holen uns die Basis seiner Ideen und Gedanken immer wieder zu-

rück, wenn Prozesse in der Arbeit eine Rückbesinnung erforderlich machen.
Wir hoffen, dass sich die Prägungen durch diese Gedanken, unsere gelebte Haltung den Teilnehmenden erschließen können. Wir hoffen, sie durch unser Handeln zu vermitteln.
Wir versuchen, neugierig auf das Lesen von Korczak-Texten zu machen.
Wir lassen uns durch seine Gedanken begleiten. Was zu Beginn der Auseinandersetzung mit diesem Pädagogen mühsam ist, was uns immer wieder anfordert und herausfordert, erweist sich letztlich durch Fragen und Nachfragen, durch sich immer wieder neu befassen als hilfreich.

Einige Beispiele aus den Seminargruppen mit Kindern
und
Wie Kinder zeigen, was sie verstanden haben und sich auf Erfahrungen berufen können

Die Prägung durch das Gedankengut von Janusz Korczak und unsere Haltung zum Leben von Menschen mit Behinderung bestimmen unser Handeln in allen Seminarangeboten.
Selbstverständlich ist in Seminaren mit Kindern und Jugendlichen, dass sie an Entscheidungen beteiligt werden und Verantwortungen übernehmen.
So gibt es zum Beispiel

- Regeln, die für alle verbindlich sind, die zu Beginn mitgeteilt und nachprüfbar ausgehängt werden
- ein Plenum, in dem alle eine Stimme haben
- Anträge im Plenum – von Teilnehmenden wie Mitarbeitenden zu stellen
- Abstimmungen – Mehrheitsbeschlüsse, offene und geheime Abstimmungen mit Vetorecht der Leitung, das in jedem Einzelfall zu begründen ist
- eine Übernahme von Verantwortlichkeiten (Bücher, Spiele, Pausenzeiten etc.)
  (Die Verantwortlichkeiten werden erst dann verteilt, wenn die teilnehmenden Kinder einigermaßen überblicken können, welche Aufgaben und Verpflichtungen damit verbunden sind: zum Beispiel muss beschädigtes Spielzeug gemeldet, nicht ersetzt werden; am Ende einer zeitlich festgelegten Pause hat die/der Verantwortliche dafür zu sorgen, dass die Gruppe wieder im Seminarraum ist, oder mit der Leitung zu verhandeln, ob die Pause verlängert werden kann. Die Kinder richten sich mit ihrer Bitte direkt an die Verantwortlichen)
- Anerkennung für die übernommenen Dienste (Verantwortlichkeiten)
- ein Kindergericht (nur bei längerfristigen Seminaren und in kontinuierlichen Gruppen)
- Methoden des Schreibens (Diktieren, Vorlesen)
- Methoden zu Übungen in möglichst gerechtem Handeln

(Der Umgang mit Gerechtigkeit ist in allen Familien ein Thema, beschäftigt Geschwister von Kindern mit Behinderung auf besondere Weise durch viele Fragestellungen. In den Seminaren geht es um eine möglichst gerechte Verteilung der Symbole (Auseinandersetzungen bei unterschiedlichen Farben, Formen sind üblich, mitunter gewollt. Spielregeln zum Erwerb / Tausch werden vereinbart. Beispiel siehe Karten.)

Auf diese Weise erfahren wir, wie die Kinder und Jugendlichen sich die ‚Gremien' zu eigen machen.

- „Ich möchte meinen Platz tauschen."
  Ein Antrag dazu ist jederzeit möglich. Platz kann nur dann getauscht werden, wenn jemand anderes bereit ist zu tauschen und alle mit der neu entstehenden Sitzordnung zufrieden sind. Kinder machen Vorschläge oder vereinbaren eine Zeit, in der die neue Anordnung überprüft wird.
- „Ich möchte noch einen Programmpunkt haben."
- „Beim nächsten Mal soll es für alle ein neues Symbol geben, das gleiche für alle."

„Wir brauchen eine Gerichtsverhandlung."

- „Ich habe beobachtet, dass jemand in der Pause gemobbt wurde."

- „Ich habe oft gesagt, dass ich in der Pause nicht gestört werden will. Meine Bitte hat keinen Sinn, ich habe keine Ruhe. Besonders X lässt mich nicht in Ruhe.
  Wie können wir das regeln?“
- Ein Mitarbeitender hat einem Kind gegenüber falsch gehandelt.
  „Wir müssen dazu eine Gerichtsverhandlung vorbereiten.“

Durch diese offene Möglichkeit des Ansprechens aller Beobachtungen und Formen der Bearbeitung wird das Zusammenleben für alle überschaubar geregelt.

Ein besonderes Beispiel:

Deine Interessen – meine Interessen – unsere Interessen
Ein 5-tägiges Seminar mit 24 Geschwistern von Kindern mit Behinderung und Beeinträchtigung im Alter von 7 bis 17 Jahren im April 2011

Um den Beteiligten das Thema ganz nah zu vermitteln, haben die Mitarbeitenden im Plenum vorgeschlagen, dass sich Interessengruppen bilden, um verschiedene Aktionen an einem Abend für alle vorzubereiten.
Realisierbare Aufgabenstellungen waren durch das Team beschrieben, das notwendige Material besorgt.
Die erste Aufgabe war es, Interessengruppen zu bilden. Die möglichen Aktionen waren bekannt und eine

Gruppe konnte unter den vorhandenen Aufgaben wählen, solange das möglich war.
Die Aufgabe der jeweiligen Interessengruppe war, die gewählte oder geloste Aktion für die anderen Gruppenmitglieder genau zu beschreiben, sie zu planen und durchzuführen.
Aus der Seminargruppe wurde ein Leitungsteam der gesamten Interessengruppen gewählt und mit der Aufgabe der Koordination der einzelnen Aktionen (Zeitplan, Raumplan, Reihenfolge) betraut.
Während der Zeit der Planung stand selbstverständlich das Mitarbeiterteam des Seminars für eine Beratung zur Verfügung und nahm auch beobachtend an den Aktionen teil.
Das Bilden der Interessengruppen war ein mühsamer Prozess, der von allen daran Beteiligten auszuhalten war. Es musste nicht korrigierend von Erwachsenen eingegriffen werden.
Alle Teilnehmenden fanden eine Gruppe.
Die Einigung innerhalb jeder Gruppe auf eine zu übernehmende Aufgabe war ein weiterer spannender Prozess. Manche Gruppen konnten sich nicht einigen, trennten sich wieder. Weitere Interessengruppen entstanden.
Das Team musste eine weitere Aufgabe erfinden, um allen entstandenen Gruppen eine Aktion zu ermöglichen. Insgesamt gab es schließlich acht unterschiedliche Aktionen.
Die Kinder und Jugendlichen mussten alles selbstständig in eigener Regie jeweils für die ganze Seminar-

gruppe so vorbereiten, dass die dem Seminar gestellte Aufgabe von allen verstanden wurde. Dazu gehörte unter anderem die Einteilung von Material, das Bilden von Gruppen etc.
Es wurde eine Schatzsuche vorbereitet, Gestaltungsmöglichkeiten von Gegenständen, Aufgabenstellungen zu vorhandenen Materialien wie dem Mimwürfel, um nur einige Beispiele zu nennen.
Es entstanden so viele Programmpunkte, dass die Aktionen an zwei Abenden stattfinden mussten. Damit waren alle einverstanden und mit Eifer bei allen Vorbereitungen dabei.

Es war beeindruckend, was wir Erwachsene, als Team, an beiden Abenden erleben durften.
Das Leitungsteam (drei der ältesten Teilnehmenden) übernahm umsichtig die Planung der zeitlichen Reihenfolge der Aktionen. Es war dort unterstützend zur Stelle, wo ein Eingreifen notwendig war.
Die jeweils zuhörenden und an den Aktionen beteiligten Kinder störten nicht, waren loyal, solidarisch mit denen, die etwas vorbereitet hatten.
Die einzelnen Interessengruppen (verschieden groß) hatten untereinander die Aufgaben so verteilt, dass jeder Teilnehmer dabei eine Rolle bekommen hatte. (Ansagen, Austeilen von Material, Einteilung von Gruppen, Festlegen der Regeln für das Abholen des Materials, Ausstellungsort usw. Sogar die Sitzordnung bei manchen Aktionen war bedacht, Ältere bei Jüngeren etc.)

Es gab einen deklarierten Anfang und ein deklariertes Ende einer jeden Aktion und zudem eine konkrete Zeitvorgabe zu jeder Aktion.

Es waren interessante Abende und Erfahrungen aller mit den Interessengruppen und in der gesamten Seminargruppe.
(Eine Einführung in die Methoden unserer Arbeit hatten die Kinder und Jugendlichen durch unser Tun erlebt, beobachtet und sich zu eigen gemacht. Sie konnten alles, was sie erlebt hatten, für die gesamte Gruppe gewinnbringend umsetzen!)
Es war für niemanden überfordernd, dass zwei Abende gestaltet waren und somit weniger eigene Freizeit übrig blieb. Jeder nahm jeden ernst, veralberte und störte keine Aktion. Alle hatten die Erfahrung gemacht, was es heißt, etwas vorzubereiten, auf die Stimmung und Bereitschaft der anderen angewiesen zu sein, damit die eigene Aktion auch die Chance hatte, angenommen zu werden, Spaß dabei haben zu können.

In der Rückmeldung zum Seminar schrieben die Teilnehmer unter anderem:

- Ich fand die Gruppe sehr gut, auch wegen der Altersverteilung. Jeder hat jeden ausreden lassen und geholfen, wenn dieser Hilfe brauchte.
- Manche aus der Gruppe waren manchmal sehr anstrengend; andere waren aber einfach nur klasse drauf.

- Es war eine sehr nette Gruppe; es hat mir sehr viel Spaß gemacht.
- Es hat dieses Mal eine gute Atmosphäre gegeben, vergleichsweise wenige Konflikte.
- Es war gut, dass ihr (die Mitarbeiter) uns vertraut habt und wir mal alle allein in den Interessengruppen arbeiten konnten.

Persönliche Anmerkung für Eltern

Ich erlebe in Gesprächen mit Eltern immer wieder, dass sie die Geschwister an der Lösung von schwierigen Aufgaben – zeitliche Verteilung, Festlegung von Freizeitaktivitäten etc. – nicht beteiligen wollen, um sie nicht zu belasten. Meist entstehen solche Situationen durch das Kind mit Behinderung, dessen Möglichkeiten, Vorlieben, durch damit verbundene zeitliche Aufwendungen etc. Ich mache Eltern immer Mut, Geschwister an der Lösung dieser Situation zu beteiligen. Kinder und Jugendliche kommen oftmals auf Lösungen, kreative Lösungsvorschläge, die Erwachsene gar nicht bedacht haben. Geschwister fühlen sich ernst genommen und mitbeteiligt, auch dann, wenn ihre Vorschläge nicht immer angenommen werden können.
An den Lösungen sind dann ja alle beteiligt, sodass kaum eine Überforderung des Geschwisterkindes dadurch entstehen kann.

Mein einziger geistiger Reichtum ist eine gewisse Sicht der Welt,
ein paar Gefühle, etwas Phantasie und ... ein Ziel im Leben.
Mir ein Lebensziel zu setzen, hat mich viele Anstrengungen gekostet,
hat viele Stunden der Überlegung verschlungen, war der Grund für viele Leiden.
So viel Arbeit war es, aus diesen Fetzen, aus gelesenen und erlernten Gedanken,
aus diesen kleinen unzusammenhängenden Beobachtungen etwas Einheitliches zu schaffen, etwas, was dem ganzen Leben Erfüllung bringen kann.
(Janusz Korczak: Aus dem Tagebuch)

Gedanken zu einer Pädagogik der Anerkennung – im Anschluss an Janusz Korczak

Dr. med. Michael Kirchner

„Die ganze moderne Erziehung ist bestrebt,
ein bequemes Kind heranzubilden,
konsequent, Schritt für Schritt, trachtet sie danach,
alles einzuschläfern, zu unterdrücken, zu zerstören,
was im Kind Wille, Freiheit, Seelenstärke
und Unternehmungsgeist ausmacht.“[3]

Seit Mitte der 90er Jahre prägt der Begriff der „Anerkennung“ (im Anschluss an intensiv geführte sozialphilosophische, politische und ethische Debatten) auch Teile des pädagogischen Diskurses. In diesem Zusammenhang liegt es daher nahe, dass sich auch Eltern, PädagogInnen und TherapeutInnen, die ihr Leben mit behinderten Kindern und deren Geschwistern teilen, mit diesem Thema beschäftigen. Gilt es hier doch, über die Anerkennungs-Thematik im Allgemeinen hinaus, ganz besondere pädagogische und gesellschaftliche Aufgaben zu bewältigen. Es sind dies vor allem Probleme, die sich aus der unterschiedlichen Art und Weise der Anerkennung sowie aus den verschiedenen Maßnahmen der Anerkennung (dem behinderten und dem gesunden Kind gegenüber) ergeben. Letztlich geht es hier über die Anerkennung hinaus auch um Gerechtig-

[3] Korczak, Janusz: Wie liebt man ein Kind. In: Sämtliche Werke. Bd. 4. Gütersloh 1999, S. 19.

keit in der Familie, aber auch in der Gesellschaft. Diese Probleme bedürfen ohne Zweifel einer speziellen und weiter ausgreifenden Bearbeitung. Da diese spezifischen Fragen jedoch auch eng an eine kritische Auseinandersetzung mit Problemen des Anerkennens im allgemeinen Verständnis gebunden sind, lohnt sich eine Beschäftigung mit dem Begriffsfeld der „Anerkennung". Ich möchte mich in meinen Ausführungen allerdings ganz bewusst auf den Kontext pädagogischen Denkens und Handelns beschränken.
Mein Plädoyer für eine Pädagogik der Anerkennung erwuchs aus meiner Beschäftigung mit dem Lebenswerk des jüdisch-polnischen Schriftstellers, Kinderarztes und Pädagogen Janusz Korczak (1878 – 1942). Er soll uns im Folgenden nicht nur wichtige Gedanken, sondern auch überzeugende Exempel für das Gelingen einer solchen Pädagogik liefern. Korczak verwendet die Anerkennung jenseits einer (nach wie vor weit verbreiteten) „normalisierender Anerkennung", einer Anerkennung, die von ungenügend reflektierten (ausschließenden und ausgrenzenden!) Vorstellungen über das „Normale" ausgeht. Somit darf man Korczak getrost als einen Vordenker des aktuellen Anerkennungs-Diskurses bezeichnen.[4]

---

[4] Dieser Text verdankt wesentliche Gedanken den folgenden Arbeiten:
(1) dem Gesamtwerk von Emmanuel Levinas.
(2) Ricoeur, Paul: Wege der Anerkennung. Frankfurt a. M. 2006.
(3) Masschelein, Jan / Wimmer, Michael (Hrg.): Alterität, Pluralität, Gerechtigkeit. Sankt Augustin 1996.

Nach diesen einleitenden Anmerkungen möchte ich nun den Begriff „Anerkennung" etwas ausführlicher bestimmen und die Bedeutung dieses Begriffs für die Pädagogik Janusz Korczaks darstellen. Dann soll die nach wie vor gängige Form der Anerkennung, die „normalisierende" und auf diese Weise auch „normierende" Anerkennung einer „Dekonstruktion" unterzogen werden. Abschließend beschäftige ich mich dann noch zumindest andeutend mit den Konsequenzen, die sich aus einer befreiten und befreienden Anerkennung ergeben können. Dies im Blick auf die Theorie und die Praxis des Umgangs mit Kindern.

1. „Achtung" und „Anerkennung" – Begriffsbestimmungen

„Achtung vor dem Kind" und „Anerkennung des Kindes"[5], diese beiden Grundsätze bestimmen das Lebenswerk Janusz Korczaks. Auch wenn diese beiden Begriffe, beispielsweise über den Begriff „Respekt", im alltäglichen Sprachgebrauch synonym verwendet

---

(4) Ricken, Norbert: Erziehung und Anerkennung. In: Vierteljahrsschrift f. wissenschaftliche Pädagogik.
Heft 1/2006.
(5) Balzer, Nicole: Die doppelte Bedeutung der Anerkennung. A. a. O.
[5] Vgl. hierzu: Korczak, Janusz: Das Recht des Kindes auf Achtung. In: Sämtliche Werke. Bd. 4. Gütersloh 1999.

werden, lohnt es sich, die Bedeutungsfelder für die beiden Begriffe kurz zu untersuchen.
„Achtung" (Aufmerksamkeit, Rücksicht, Wertschätzung) leitet sich von „Acht" (Aufmerksamkeit, Beachtung und Fürsorge) ab. Dessen Wurzeln lassen sich bis ins indogermanische „ok" (nachdenken, überlegen und zögern / zaudern) zurückverfolgen. Um diesen „Kernbegriff" herum gruppieren sich dann wichtige Präfix-Bildungen, wie etwa: beachten, beobachten, erachten, verachten, achtbar, achtsam und Obacht geben.
Korczak wählt die Kategorie der „Achtung" als Leitbegriff für jedes pädagogische Denken und Handeln. Dies geschieht oft sogar im bewussten Gegensatz zu der „pädagogischen Liebe", einem (nicht nur im Kontext der zeitgenössischen „Reformpädagogik") überstrapazierten und auch sonst recht „diffusen" Begriff. Die Achtung des Kindes ist im Gegensatz zur Kindesliebe zu fordern und dann auch in speziellen Rechten zu verankern. Bedeutsam ist, dass sich Korczak bei der Wahl dieses Begriffes nicht von, wie auch immer abgeleiteten, normativen oder appellativen Vorgaben leiten lässt, sondern von seinen eigenen (kritisch und selbstkritisch geprüften) Erfahrungen im Umgang mit seinen Waisenhaus-Kindern. Wenn man, wie Korczak es tut, die unterschiedlichen „Variationen" über den Begriff „achten" in eine bestimmte Phänomen-Reihenfolge (man kann auch von einer Rangfolge sprechen) bringt, ergeben sich „elementare Zusammenhänge" (zur Ver-

deutlichung seien die entsprechenden englischen Wörter beigefügt):
„beachten“ (distinct) -->
„beobachten“ (observe) -->
„aufmerken“ (attent) -->
„berücksichtigen“ (respect) -->
„achtsam, behutsam umgehen mit“ (protect) -->
„hoch achten“ (devote) -->
„lieben“ (care). (Die Verwendung des Wortes „achten“ für „lieben“ – engl.: care / caress als „liebkosen“, von lat. carus / carissima / franz.: cher – ist im Deutschen nur noch in der Gegensatz-Bestimmung zu „lieben“:„verachten“ erhalten.)

Für den an solchen Zusammenhängen Interessierten sei kurz skizziert, dass sich auch für das „Hören“ eine solche „phänomenologische Stufenfolge“ erstellen lässt: „hören“ --> „hinhören“ --> „lauschen“ --> „das Ohr neigen“ --> „Gehör schenken“ --> „erhören“.

So wie sich die pädagogische und letztendlich auch ethische Sprengkraft (achten --> lieben / hören --> erhören) der von Korczak geforderten „Achtung vor dem Kind“ an dem Bedeutungsspektrum von „achten“ verdeutlichen lässt, lässt sich auch die Bedeutung des Begriffs „Anerkennung“ vom Wortfeld aus erschließen.

In „Anerkennung“ stecken die Wörter „kennen“ (--> „können“, „Kunst“) und „erkennen“ (identifizieren, wissen). „Anerkennen“ ist wohl erst im 16. Jh. dem lateinischen „agnoscere“ nachgebildet worden. Dem „Grimmschen Wörterbuch“ zufolge gibt es zum einen

die „Anerkennung als Bestätigung“ („die Mutter erkannte das Kind als das ihrige an“) und dann die „Anerkennung von Ansprüchen“ („einen König als König anerkennen“). Diese beiden Bedeutungsstränge lassen sich auch im Englischen und Französischen nachweisen.
Eine Differenzierung der beiden Begriffe „Achtung“ und „Anerkennung“ lässt sich an den jeweiligen Gegenbegriffen verdeutlichen: „achten“ vs. „ignorieren“ und „anerkennen“ vs. „beschämen“.[6] Vermutlich liegt die eigentliche Differenz zwischen diesen Begriffen darin, dass Achtung die Haltung der Wertschätzung (Dingen, Personen und Gott gegenüber) beschreibt und Anerkennung über die Bewertung eines Verhältnisses hinaus auch auf die Objektivierung dieser Bewertung in einer (anerkennenden) Tat zielt. Für Korczak sollte jeder Erwachsene (handele es sich um Eltern, ErzieherInnen und LehrerInnen) dem Kind gegenüber in der Haltung einer achtsamen Wertschätzung und nicht in Form einer, wie subtil auch immer gestalteten, Unterdrückung stehen. Korczak schreibt 1919: „*Die ganze moderne Erziehung ist bestrebt, ein bequemes Kind heranzubilden; konsequent, Schritt für Schritt, trachtet sie danach, alles einzuschläfern, zu unterdrücken, zu zerstören, was im Kind Wille, Freiheit, Seelenstärke und Unternehmungsgeist ausmacht.*“[7]

[6] Die Reflexion der Zusammenhänge zwischen Anerkennung und Scham wäre einen gesonderten Beitrag wert.
[7] Korczak, Janusz: Wie liebt man ein Kind. In: Sämtliche Werke. Bd. 4. Gütersloh 1999, S. 19.

Die Achtung und die daraus gewonnenen Erfahrungen mit seinen Kindern ermutigten Korczak, einem jeden Kind in seinem Warschauer Waisenhaus ein Höchstmaß an Anerkennung zu schenken. Seine Erfahrungen mit den Kindern haben Korczak schließlich ermutigt, ihnen sehr viel mehr als sonst üblich zuzutrauen und anzuvertrauen: vor allem die Selbstverwaltung im Waisenhaus – mehr als 30 Jahre hindurch. Erwähnt seien so komplexe Einrichtungen wie Haus-Dienste, Pläne für Festtage, Kinderparlament, Kameradschaftsgericht, Helfer-System und Kinderzeitung.
Nach diesen grundsätzlichen Anmerkungen möchte ich mich nun der Anerkennung des Kindes im Besonderen zuwenden.

2. Anerkennung jenseits einer „normalisierenden Anerkennung"

In seiner Erzählung *Drei Reisen Herscheks*[8] beschreibt Korczak, wie einem Kind Anerkennung zunächst versagt und dann doch geschenkt wurde.
„Im Cheder war es nicht gut; es war sehr schlecht. – Der Rebbe schlägt. Reiche Kinder schlägt er leicht, die armen heftig und oft. – Hier kann man nicht abhauen auf den Flur, auf den Dachboden, in eine Hundehütte auf dem Hof. – Der Rebbe streichelt einem reichen Kind über den

---

[8] Korczak, Janusz: Drei Reisen Herscheks. In: Sämtliche Werke. Bd. 5. Gütersloh 1997.

Kopf, auf Herschek ist er nur wütend. – Der Rebbe erlaubt keine Fragen, weder bei den Reichen noch bei den Armen. – Aber Herschek versteht nicht, was Lesen ist; wozu in ein Buch sehen. (...) Der Rebbe schreit: ‚Schau mal hier, schau mal in das Buch.' Der Rebbe schlägt und sagt: ‚Du kannst, aber du willst nicht; Blutegel auf deinen dummen Kopf. Geh auf den Markt stehlen wie dein Lejb.' Der Rebbe sagt: ‚Wenn dein Vater wieder nicht zahlt, dann hau ab, hier ist genug Schmutz und Gestank. – Der Rebbe schlägt, aber das hilft nicht. Er sagt: ‚Geh zu dem Verrückten, der bringt dir das Lesen bei. (...)

Und Vater hat wieder nicht bezahlt, und Herschek sagte ein fürchterliches Wort und prügelte sich mit den Kameraden, und der Rebbe schlug ihm ins Gesicht, mehrere Male auf die rechte und auf die linke Backe – und hat ihn für immer aus dem Cheder geworfen.

Herschek hat wieder viel Zeit, sitzt auf der dritten Stufe. Der hinkende Verrückte kam auf ihren Hof. Herschek stand vor ihm und sagte: ‚Ich will lesen lernen.' – Er hat es leise gesagt. Aber der Verrückte hat es gehört: denn er war Lehrer; – früher – hatte er nicht gehinkt, das Dach war ihm noch nicht auf den Kopf gefallen, als er beim Brand ein Kind rettete.

Herschek sagte: ‚Ich will lesen.' – Und der Verrückte schaut ihn an und sagt: ‚Ja, ja, ja. Gut. Ja, ja, ja. Unterricht – das ist Brot.' (...)

Und der neue Rebbe erklärt: ‚Ja, ja, ja. Die Ameisen leben, und die Buchstaben leben. Man kann die Ameisen lesen, man kann Menschen und Gott lesen. Ja, ja, ja. Gott muss man suchen. Ja, ja, ja. Weit weg ist der gute Gott.

Ja, ja. Du hast nichts Schlimmes gesagt, Gott hat nicht befohlen, arme Kinder zu schlagen. Ja, ja: Du hast die Wahrheit gesagt. Ja. Viele Menschen lügen. – Ich gehe schon. Ich habe keine Zeit mehr.' Der Verrückte streichelt Herschek über den Kopf, als ob er für den Unterricht Geld bekommen, als ob der Vater ihm am Sabbat Fisch und Schnaps anbieten würde."[9]

Zweifellos kommt der Anerkennung des Kindes bei der gegenwärtig zu beobachtenden Schwächung der sozialen Bindungskräfte (nicht nur in der Familie) eine enorme Bedeutung zu. Jedes menschliche Wesen ist im Rahmen seiner Entwicklung auf die zwischenmenschliche Anerkennung seiner Anlagen, Fähigkeiten, Leistungen, aber auch auf die Anerkennung von Möglichkeiten und Wünschen angewiesen. Nur so kann eine geglückte Selbstbeziehung und eine stabile soziale Beziehung erreicht werden.
Grundsätzlich lassen sich (T. Todorow[10]) eine basale Anerkennung des Kindes bereits vor der Geburt (im Sinne eines lebensnotwendigen Anerkanntseins) und ein davon abgeleitetes Anerkennen der spezifischen Bedürfnisse des Kindes unterscheiden. Diesen Anerkennungs-Weisen liegen die Wertungen „Gut, dass es dich gibt" und „Du bist für mich wichtig" (E. Tugendhat[11]) zugrunde.

---

[9] A. a. O., S. 167 f.
[10] Todorow, Tzvelan: Abenteuer des Zusammenlebens. Frankfurt a. M. 1988.
[11] Tugendhat, Ernst: Egozentrizität und Mystik. München 2003.

Anerkennung bewirkt also (1) eine Stiftung von Subjekten und (2) eine Integration des Individuums in die soziale Umgebung. Achtung und Anerkennung, so dürfen wir festhalten, sind in ihrer Bedeutung für die Selbstverwirklichung von Subjekten (z. B. Kindesentwicklung) und für die Konstituierung eines freien und offenen sozialen Raumes, in dem auch Neues und Fremdes Platz haben muss, zu reflektieren.
In den letzten Jahren ist der „common sense" über die Bedeutung der Anerkennung und des „Anerkanntwerdens" einer kritischen Revision unterzogen worden. Wir können geradezu von einer „Dekonstruktion" des Begriffs „Anerkennung" sprechen. In einer solchen Dekonstruktion werden bestehende („herrschende") Urteilskriterien und Prinzipien kritisch zur Disposition gestellt – nicht aber ignoriert oder aufgegeben! Folgende Befunde lassen sich erheben:
1. Anerkennung setzt (Hin- und Zuwendung überschreitend) ein Verhältnis voraus, in dem Nähe und Distanz in Balance gehalten werden. Distanz dem anderen (in unserem Fall: dem Kind) gegenüber ist notwendig, um die jedem Erfahren und Lernen zugrunde liegenden „Umbauprozesse" sehen und beurteilen zu können. Erfahrung gibt es nur in stets zu korrigierender, „gebrochener" Form. Nähe wiederum lässt die wichtigen Details erkennen und verstärkt dann vor allem auch die sozialen Bindungskräfte.
2. Anerkennung fördert die Selbsttätigkeit und den „Eigensinn". Sie schützt vor Selbstabwertung und Selbstverschließung, wie sie vor allem durch die Illusi-

on der Selbstverwirklichung (Stichworte: Individualität / Souveränität / Unabhängigkeit) hervorgerufen oder begünstigt werden.

3. Anerkennen verknüpft Subjektivität und Sozialität miteinander. Die sich anerkennenden Individuen stehen sich in der sie umgebenden Gesellschaft nicht mehr konträr gegenüber. Anerkennen zielt immer auf einen „Pluralismus".

4. Anerkennen muss auch (diese Aussage ist von besonderer Bedeutung) das Anerkennen des Neuen, des Anderen und des Fremden einschließen. Zu fordern ist also eine Anerkennung ohne „normalisierende" oder „normierende" Reduktionen[12]:

> Die weitaus häufigste Anerkennungs-Weise ist die folgende:
> (1) Ich nehme mir Vertrautes wahr und anerkenne dieses. Das Vertraute deckt sich mit dem sogenannten „Normalen". Das Normale wird von den geltenden gesellschaftlichen Normen bestimmt. Dem Un-Normalen (dem Wilden, dem Geisteskranken und dem Kind) werden gesonderte „Schutzräume" zugewiesen. Das Un-Normale wird ausgegrenzt oder „aussortiert".

[12] In „Wie liebt man ein Kind" (a.a.O., S. 18) beschreibt Korczak diesen Vorgang: „Anstatt genau hinzuschauen, um Erkenntnis und Wissen zu sammeln (vgl. hierzu unsere Analyse zu „achten" und „anerkennen", M.K.), nimmt man das erstbeste Beispiel eines ‚wohlgeratenen Kindes' – und fordert von seinem eigenen: Diesem Vorbild sollst du gleichen."

(Sie erinnern bitte die Passage aus Korczaks *Herschek.* Auch dort werden Herschek als „wildes Kind“ und der kranke Lehrer als „Verrückter“ ausgegrenzt.)

Deutlich seltener anzutreffen ist die folgende Anerkennungsweise:

(2) Ich nehme auch Nicht-Vertrautes wahr, anerkenne dies aber auf ein Allgemeines / Gemeinsames hin. Das Nicht-Vertraute wird als ein „Übergangs-Phänomen“ bewertet. („Der / die waren auch zeitweise ‚komisch‘ und sind jetzt doch ‚ganz normal‘.“)

Von großer Wichtigkeit ist aber die Position:

(3) Ich nehme auch Neues und Anderes wahr und anerkenne es als „Ungewöhnliches“ und „Fremdes“, als Un-Normales, dafür aber Neues.

5. Anerkennen des ganz Anderen / Fremden betrifft das unbegreifbare, sich jedem abschließenden Zugriff entziehende <u>Anders-Sein des Anderen</u> (in unserem Fall: des Kindes), aber auch das <u>Anders-Sein des Selbst</u> (in unserem Fall: des Erwachsenen). Für beide Seiten wirkt diese Weise der Anerkennung befreiend. Anerkennung befreit den Erwachsenen durch die „Sprengung“ der Totalität der Selbstheit. Der „Kerker des Ichs“ wird geöffnet für das Andere, den Anderen und die Andere. Der Philosoph Emmanuel Levinas spricht in diesem Zusammenhang von der Befreiung aus der „Egologie“. Die Anerkennung auch des Anderen und Fremden befreit das Kind aus dem „Herrschafts-Bereich“

des Erwachsenen hinein in ein „Verantwortungs-Verhältnis“[13] des gegenseitigen Gebens und Annehmens.

6. Anerkennen auch des Anderen und Fremden bekennt sich zur Kontingenz pädagogischen Denkens und Handelns und verzichtet so auf die „pädagogische Pastoralmacht“ des Erwachsenen („Ich weiß, was für dich richtig und wichtig ist.“).

7. Anerkennen ist ein „responsives“ Geschehen. Kritisch betrachtet besteht zwischen dem Erwachsenen und dem Kind ein „asymmetrisches Verhältnis“. Dies aber gerade nicht in der überkommenen Form einer Dominanz der Erwachsenen, sondern in Form eines „An-frage – Ant-wort – Verhältnisses“. Auf die primäre Anfrage des Kindes antwortet der Erwachsene. Bei Beachtung dieser Zusammenhänge wird dem (durch Vorstellungen, Pläne, Wünsche und Absichten festgelegten) „intentionalen Verhältnis“ ein „ethisches Verhältnis“ vorgeordnet. Anerkennen ist dann, das dürfte deutlich geworden sein, als ein „responsives Geschehen“ zu verstehen – mit allen sich daraus ergebenden Konsequenzen. (Die Philosophen Emmanuel Levinas, Paul Ricoeur und Bernhard Waldenfels haben in wichtigen Werken diese grundlegenden Zusammenhänge in Richtung einer „responsiven Ethik“ herausgearbeitet.)

---

[13] Vgl. hierzu: Kirchner, Michael: Janusz Korczak: Das Kind als „Hieroglyphen-Text“. In: Evangelische Theologie. Heft 4/2003.

3. Resümee und Ratschläge

Zusammenfassend lässt sich festhalten, dass Achtung und Anerkennung das tradierte asymmetrische Verhältnis des Erwachsenen zum Kind geradezu „umpolen“. Der Erwachsene als das erziehende Subjekt erfährt durch die Akzeptanz des Anderen und Fremden im Kind und in sich selbst ein „Unterworfensein“. Das Kind, bislang Objekt der Erziehung, wird „von Angesicht zu Angesicht“, „von Ohr zu Ohr“ auch zum Subjekt seiner Entwicklung aufgewertet. Neues und Anderes werden in die Beziehung eingebracht. In der Konsequenz dieser Gedanken liegt es, dass sich für Korczak pädagogische Prozesse nur durch eine doppelte Expertenschaft gestalten und erfolgreich abschließen lassen. Er schreibt: *„Ohne Mitwirkung von Experten bewältigen wir Erziehung nicht und Experte ist das Kind.“*[14] Im Anerkennen realisiert sich die Subjektivität als der / die Eine für den / die Anderen in einem „gegenseitigen Unterworfen-Sein“.
Nach so viel Gedankenarbeit möchte ich, das ist ganz gewiss auch im Sinne Korczaks, noch einige „Merk-Sätze“ für ein befreites und befreiendes Anerkennen formulieren:

- Anerkennen leitet sich von „kennen“ / „können“ ab und will als „Kunst“ gelernt werden.

[14] Korczak, Janusz: Das Recht des Kindes auf Achtung. In: Sämtliche Werke. Bd. 4. Gütersloh 1999, S. 398.

- Aufmerksamkeit und Geduld sind Voraussetzungen für das Anerkennen.
- Anerkennung setzt immer eine Balance von Nähe und Distanz voraus.
- Anerkennung kann auch den Verzicht auf sogenannte bewährte „Werte-Folien“ voraussetzen. Diese „Folien“ machen oft für Neues und Unerwartetes „blind“.
- Anerkennung reagiert auch auf subtile „Signale“ (Anfragen) des Kindes.
- Anerkennung wirkt sowohl als spontane als auch als wohlüberlegte Geste.
- Anerkennung sollte sich auch zeichenhaft (Geste / Geschenk) aus dem gewöhnlichen Alltag abheben. Beiläufiges Anerkennen „verpufft“ wirkungslos.

  Eine Inflation der Gesten, z. B. zu häufiges Verschenken von Erinnerungskarten (Korczak rät, 2 – 3 pro Jahr nicht zu überschreiten), entwertet die Anerkennung.
- Anerkennung wirkt besonders, wenn die „Zeichen“ adäquat zur Situation gewählt werden.
- Anerkennung bedarf über Worte hinaus auch der Zeichen, insbesondere der Tat.
- Anerkennung ist nicht mit „Lobhudelei“ zu verwechseln.
- Anerkennung muss immer auch in einem Verhältnis zur Gerechtigkeit stehen.

Mit einem von Korczak geschilderten Beispiel für eine recht subtile und doch nachhaltig wirksame Geste der Anerkennung möchte ich schließen. In seinem Buch „Wenn ich wieder klein bin"[15] arbeitet Korczak mit dem Wechsel von Perspektiven, indem er einen Lehrer (mit der Lebenserfahrung eines Erwachsenen) wieder als Kind in eine Schulbank setzt, in unserem Fall in einen Zeichenunterricht:

„Ich zeichne, dass mir die Ohren glühen; es ist heiß, als wäre ich die ganze Zeit herumgerannt.
Ich zeichne, beflügelt von einer Eingebung.
Ich bin schon erwachsen gewesen, also weiß ich, was Eingebung ist. (...)
Wenn ich eine Eingebung habe, weiß ich überhaupt nicht, was um mich herum geschieht.
Mir scheint, Kinder tun häufig etwas mit Eingebung, nur stört man sie dabei.
Du erzählst zum Beispiel etwas, oder du liest oder schreibst. Und es gelingt dir. Oder du hast eine Aufgabe sofort verstanden. Lass sogar einen Fehler drin sein, es ist kein Fehler oder nur ein kleiner. Und auf einmal unterbrechen sie dich, sagen, du sollst berichtigen, wiederholen, sie fügen noch etwas hinzu, erklären. Und sofort ist alles vorbei. Du bist wütend, und du hast die Lust verloren, und es gelingt dir nicht mehr.

---

[15] Korczak, Janusz: Wenn ich wieder klein bin. In: Sämtliche Werke. Bd.3. Gütersloh 2000.

Eingebung – das ist, als wenn man sich mit Gott unterhält. Und niemand hat da ein Recht, sich einzumischen. Dazu muss ich allein sein, darf nicht sehen, nicht hören. Genauso ist es jetzt. Die Lehrerin steht hinter mir, schaut zu, wie ich zeichne, ich aber merke nichts, ich verbessere nur. Füge noch ein Strichlein, noch ein Pünktchen hinzu, und alles wird immer schöner.
Die Lehrerin muss lange so gestanden haben, aber ich habe es nicht gewusst.
Jetzt schaue ich aus der Entfernung, und wieder füge ich etwas hinzu, aber immer vorsichtiger. Denn man kann alles verderben, wenn man zu viel verbessert. – Und ich bin erschöpft. Und plötzlich spüre ich etwas. – Ich hebe den Kopf, und die Lehrerin lächelt mir zu und hat mir die Hand an die Wange gelegt.
Ich mag nicht, wenn mich jemand streichelt oder anfasst. Aber die Hand der Lehrerin jetzt ist kühl und weich. – Und ich lächle auch.
Und die Lehrerin fragt: ‚Woher weißt du, dass das ein Triptychon ist?'
‚Ich weiß es. Ich hab es auf einem Bild gesehen, auf einer Postkarte, in der Kirche.'
Ich verheddere mich und werde noch röter. Und erst jetzt fragt die Lehrerin: ‚Darf ich?'
Ich gebe ihr das Heft und sage: ‚Bitte.'
Und die Lehrerin sieht sich die alten Zeichnungen und diese letzte an. Und Wisniewski springt aus seiner Bank und gibt auch seinen Senf dazu und ruft: ‚Ein Triptychon!'

Ich habe Angst, dass die Lehrerin anfängt, es herumzuzeigen und mich zu loben, wie gut ich das gemacht habe. Sie muss doch wissen, dass es in so einer Schar immer einen Neidhammel oder einen Hanswurst gibt, der einen dann ärgern, verspotten wird. Und die Lehrerin hat das verstanden, sie befiehlt Wisniewski, an seinen Platz zurückzugehen, und zu mir sagt sie nur: ‚Na, ruh dich jetzt aus.'
Sie schließt das Heft und legt es behutsam vor mich auf die Bank.
Behutsam und gerade.
Da denke ich, wenn ich wieder Lehrer wäre, würde ich die Hefte nicht auf die Bank werfen, würde nicht, was falsch geschrieben ist, mit einem dicken Strich durchstreichen, dass die Tinte nur so spritzt. Ich würde sie ebenso behutsam und gerade hinlegen wie die Lehrerin."[16]

---

[16] A.a.O., S. 155f.

„Kinder sind wie Hieroglyphen"
Versuch, eine Gruppe von Geschwistern nach einer Aussage von Janusz Korczak zu beschreiben

„Das Kind ist wie ein Pergament, dicht beschrieben mit winzigen Hieroglyphen, von denen du nur einen Teil zu entziffern vermagst; einige kannst du löschen oder nur durchstreichen und mit eigenem Inhalt anfüllen."
(„Wie liebt man ein Kind", J. K.)

„Der Juli war bezaubernd. Zwanzig neue Kinder zu entziffern, wie zwanzig Bücher, geschrieben in einer halbbekannten Sprache, im übrigen beschädigt, mit fehlenden Seiten. Ein Bilder-, ein Kreuzworträtsel."
(Brief an Józef Arnon, 1939)

Für das „Entziffern" einer Gruppe von Geschwistern – um deren Bedarfe und Bedürfnisse festzustellen – würde das bedeuten, sich folgender Inhalte bewusst zu werden, sie zu erkennen und zu benennen und ihnen ‚standzuhalten'. Das heißt, sich zu fragen:

- Was ist die Aussage einer Mitteilung? Was könnte noch gemeint sein, dahinterstehen?
- Worauf muss ich gleich reagieren, in der Gruppe eingehen? Welches Thema gehört in einen anderen Raum?
- Entscheidungen zu treffen, was im Rahmen der Zeit verantwortlich möglich ist.
- Welche Reaktionen darf ich nicht übersehen, welche muss ich ansprechen, welche kann ich

bemerken, offen benenn und später bearbeiten?

- Was ist in diesem Rahmen zu leisten? Was ist nicht möglich?
- Welche Zusammenhänge könnten sich aus einzelnen Aussagen ergeben? Was erschließt sich für das Kind daraus?
- Welche Fragen entstehen für mich als Beobachter? Wann, wie kann, darf ich nachfragen?

Das sind lediglich einige Beispiele für Fragen und Auseinandersetzungen innerhalb einer Begleitung, denen wir uns ständig neu stellen müssen.
Es können im Folgenden nur einige Beispiele der sich stellenden Fragen und Zusammenhänge aufgezeigt werden. Bei 20 Kindern sind es oft auch 20 unterschiedliche Aussagen, Wahrnehmungen, Strategien etc., die zu beobachten und zu beachten sind.

Eine Gruppe von Geschwistern, Mädchen und Jungen in unterschiedlichem Alter
(6-16 Jahre, Geschwister von Mädchen mit Behinderung, Geschwister von Jungen mit Behinderung)

Zugänge und Motivationen zur Teilnahme

- Meine Mutter hat mich geschickt.
- Was ist ein Seminar?
- Ich wollte das hier kennenlernen.
- Ich bin neugierig.
- Ich bin freiwillig hier.

- Ich bekomme eine Belohnung, weil ich ‚ja' gesagt habe.

Diagnosen und Bewältigungsstrategien in den Familien

- Geschwister mit unterschiedlichen Behinderungen, leichte, schwere, mehrfachbehinderte Geschwister, Geschwister mit chronischen Erkrankungen, Geschwister mit lebenslimitierenden Erkrankungen, Geschwister, die keine Diagnose haben,
- Geschwister mit Störungen aus dem Autismusspcktrum u. a.

Aussagen von Teilnehmern aus der Gruppe, die die Vielfältigkeit der individuellen Sichtweisen in Bezug auf Diagnose und Bewältigungsstrategien in den Familien aufzeigen:

- *„Mein Bruder ist anders."*
- *„Meine Schwester hat das Down-Syndrom und ist behindert, sie hat eben beides."*
- *„Wir schaffen das als Familie schon."*
- *„Ich weiß nicht, was meine Schwester hat."*
- *„Wir haben immer Angst."*
- *„Ich soll meinen Bruder nicht merken lassen, dass ich mehr kann."*
- *„Ich darf mich nicht wehren, er kann nichts dafür, dass er so ist."*

Familiensituationen und Geschwisterpositionen

- Kinder aus Zwei-Kind-Familien
- Kinder mit zwei Geschwistern
- Kinder von Alleinerziehenden
- Kinder aus Patchworkfamilien
  („In unserer Familie hat jeder seinen eigenen Vater.“)
  („Wenn meine Mutter nicht wieder geheiratet hätte, hätte ich diesen Bruder nicht.“)
- Kinder aus unterschiedlichen Kulturkreisen mit verschiedenen Haltungen zu Behinderung (auch Religionen)
- Älteste, eigentlich Älteste (die Kinder, die als zweites Kind nach dem Kind mit Behinderung geboren wurden), Mittlere von drei oder fünf Kindern, Jüngste, Zwillinge
- besondere Positionen (Zweite von vieren, Dritte von vieren)
- Einzelkinder (wenn ein Kind aus einer Zwei-Kind-Familie gestorben ist)
- wenigstens ein Kind, das nicht weiß, welche Position es hat
  „Welche Familie meinen Sie denn, die in der Woche oder die am Wochenende?“
  „Wenn ich bei meinem Vater bin oder wenn ich bei meiner Mutter bin?“
  „Kann ich die gestorbenen Kinder meiner Mutter mitzählen?“

„Ich weiß nicht, ob wir das behinderte Pflegekind hätten, wenn meine Schwester nicht gestorben wäre."
„Wenn ich das mal wüsste: Ich lebe in einer Pflegefamilie."

Aussagen zu den Geschwistern

„Mein Bruder hat kein Tempo." (12 Jahre, m.)

„Meine Schwester hat in gewisser Weise einen höheren Rang. Ihr Wille zählt nicht mehr, aber häufiger." (9 Jahre, w.)

„Ich belüge meine Schwester nicht. Ich gehe nicht zum Schwimmen, wenn sie nicht darf." (8 Jahre, w.)

„Mein Bruder nervt mich." (8 Jahre, m.)

„Meine Schwester lebt vielleicht nicht mehr lange. Sie bestimmt alles. (13 Jahre, m.)

„Ich habe nur einen IQ unter 100, meine Brüder sind beide hochbegabte Autisten. Ich werde mich anstrengen." (jüngerer Bruder von 2 Asperger-Autisten)

„Ich habe so viel Schuld. Ich vergesse immer, dass sie die Ältere ist." (7 Jahre, m.)

„Im Innern sind die Geschwister für uns da." (11 Jahre, m.)

Bewältigungsstrategien bei Lästereien:

- Ich höre nicht hin.
- Ich schlage zu.
- Ich diskutiere: Du weißt gar nicht, was es heißt, behindert zu sein, du könntest es auch werden.
- Sie reden von Nazis. Was meinen sie?

Sprachen (Beteiligung an der Gruppe)

- Ich melde mich oft.
- Ich sage nur etwas, wenn ich gefragt werde.
- Ich störe.
- Ich lenke vom Thema ab.
- Ich ziehe meine Kapuze auf.
- Ich antworte für einen anderen.
- Ich rede nur mit einem aus der Gruppe.
- Ich rede nur in den Pausen.
- Ich rede nur mit den Erwachsenen.

Das Ausdrücken von Wünschen (z. B. im Umgang mit Symbolen)

- Ich will unbedingt diese Karte haben.
- Ich möchte gerne diese Murmel haben. Aber wenn jemand sie lieber will, bin ich gerne bereit zu verzichten.
- Ich gehe sofort los und zeige, was ich haben will.
- Ich warte ab, bis alle genommen haben.

- Wenn alle wieder sitzen, gehe ich noch mal an allen Karten vorbei und wähle aus.
- Es ist mir egal, was ich bekomme.
- Ich sage lieber nichts, ich bekomme es doch nicht.
- Beim Losen verliere ich immer, deshalb wähle ich gleich anders.

Verhalten in den Pausen

- Ich verbringe meine Pause alleine.
- Ich verabrede mich schon vorher mit denen, mit denen ich spielen will.
- Ich will ein Buch lesen.
- Ich störe die anderen.
- Ich will alles ausprobieren beim Spielzeug.
- Ich will mitbekommen, was die Erwachsenen machen.
- Ich will mir ein Buch mit anderen ansehen.
- Jemand soll mir vorlesen.
- Ich will Fußball spielen. Wer macht mit?
- Es ist voll langweilig! Ich weiß nicht, was ich tun soll.
- Ich finde immer wieder andere, die was mit mir machen.

Essen

- Ich esse nur das, was ich auch mitgebracht habe.

- Ich probiere das, was ich nicht kenne.
- Ich esse nur Süßes, was ich sonst nicht darf.
- Ich esse so viel wie möglich von allem.
- Ich esse ganz wenig.
- Ich setze mich zu den anderen.
- Ich bleibe allein.
- Ich hole mir heimlich noch was aus meinem Rucksack, das ich nicht hingestellt habe.
- Ich will beobachten, was die anderen machen.
- Ich bleibe unauffällig sitzen, damit ich alles mitbekommen kann.
- Ich ‚bunkere' mir Sachen, an die kein anderer kommen soll.

Situationen und Fragen

- *„Meine Oma hat 12 Kinder und keins ist behindert. Meine Mutter hat nur zwei Kinder und eins ist behindert. Wie kommt das?" (8 Jahre, m.)*

- *„Wie werde ich meine Angst los, wenn mein Bruder wieder ins Krankenhaus muss?" (Hubschrauber) (7 Jahre, m.)*

- *„Wie kann ich meine Eltern fragen, ohne dass sie gleich traurig sind?" (10 Jahre, w.)*
- *„Was ist, wenn ich durch eine Impfung so behindert werde wie mein Bruder?" (11 Jahre, w.)*

- *„Ich will meinen Bruder meine intellektuelle Überlegenheit nicht spüren lassen, aber ich will auch nicht immer Bob, der Baumeister hören.“ (11 Jahre, w.)*

- *„Ich komme in eine neue Schule. Was soll ich sagen?“ (10 Jahre, m.)*

- *„Was sage ich meinem Bruder, warum ich in eine Geschwistergruppe gehe?“ (12 Jahre, m.)*

- *„Ich soll immer langsam sein. Muss ich das?“ (7 Jahre, m.)*

- *„Man wird verschoben wie ein Termin.“ (11 Jahre, m.)*

- *„Ich habe keine eigenen Erlebnisse.“ (10 Jahre, w.)*

Erzählen aus der Gruppe

- Meine Eltern sind neugierig. Ich sage aber nichts.
- Was soll ich denn in der Klasse sagen, wenn ich gefragt werde, wo ich war?
- Das hier ist nur für mich. Das geht keinen was an.
- Ich zeige meiner Mutter alles.

- Meine Schwester darf nicht wissen, dass ich hier bin. Sie will auch hierhin.

Verhalten beim Bringen und Abholen

- Meine Eltern sollen sofort gehen.
- Ich möchte ihnen noch mein Spielzeug zeigen.
- Meine Mutter soll auf mich warten, ich möchte noch spielen.
- Meinen behinderten Bruder bekomme ich hier nicht raus. Passt ihr auf!
- Ich will noch was vom Büffet mitnehmen.
- Meine Mutter soll warten, bis wir mit den Gesprächen anfangen.
- Ich muss noch aufräumen!
- Ich habe jetzt Hunger. Kann ich noch was essen?

Aus den Erzählungen von Kindern und Eltern

- Ich habe alle Symbole eingeschlossen.
- Ich gebe meinem Bruder etwas ab.
- Ich muss meiner Schwester etwas abgeben.
- Ich habe Angst, dass meine Schwester etwas kaputt macht.
- Mein Bruder hat meine Sachen versteckt. Bekomme ich neue?

- Soll ich etwas mitnehmen von den anderen Sachen, damit sie nicht so eifersüchtig ist? Sie muss lernen, dass das nur für mich ist.
- Ich kann nur etwas annehmen, wenn ich meinem Bruder etwas mitbringe.

Und es gibt immer wieder Konfliktsituationen, Streit, wie es unter Geschwistern üblich ist.
„Er gibt mir das Spielzeug nicht. Ich wollte es in dieser Pause haben."
„Das Buch ist versteckt, das ich lesen wollte."
„Er hat mein Bauwerk kaputt gemacht."
Und viele weitere Möglichkeiten können beobachtet werden, die Beobachtungen gilt es festzuhalten, um sich dann später zu fragen:

- Was ist normal – wie unter anderen Kindern auch?
- Was ist besonders, weil es eine Gruppe von Geschwistern behinderter Kinder ist?
- Was finden die Kinder in den Gruppen zusätzlich zum Austausch? Finden sie Möglichkeiten, mit Brüdern und Schwestern so umzugehen, wie es in ihren Familien oft nicht möglich ist?
- Welch außergewöhnliches Verhalten fällt auf? Was ist eben so, wie es ist?
- An welchem Verhalten sollte gearbeitet werden?

Wege entstehen, indem man sie geht
(Kafka)

Karten

Im Zeitalter des Internets, der schnellen und häufigen Kontakte durch Mails, Chats, und der Diskussion in Foren, die durchaus von Geschwistern von Menschen mit Behinderung genutzt oder sogar selbst angeboten werden, erleben wir in unserem Kontext trotz aller elektronischer Angebote den immer häufiger geäußerten, stärker werdenden Wunsch nach persönlicher Post. Am Ende eines Seminars wird ständig nachgefragt: „Bekommen wir wirklich Post?“
Um die Frage der Teilnehmer einordnen zu können: Zu unserem Seminarangebot gehört das Verschicken der Zusammenfassung des erlebten Seminars, nach Absprache mit den Seminarteilnehmern auch von Arbeitsergebnissen per Post. Fotos oder Fotoseiten werden noch auf Papier zugeschickt, ausgewählt. Mag das nicht mehr der jetzigen Zeit entsprechen, es auch weitaus einfacher sein, die Zusammenfassungen und Fotos per Computer zu verschicken; die Rückmeldungen zu den Seminaren bestätigen jedoch, dass persönliche Post ein wichtiger Bestandteil der Seminare für die Teilnehmer ist. Die Zusendung der Nachbereitung eines Geschwisterseminars an die Kinder gehört mit zu den Vereinbarungen des geschützten Raumes.
Es ist damit kein Ausschluss der Eltern beabsichtigt, die ihre Kinder fragen, wann (manchmal auch ob) sie die Post lesen können, da sie von der Vereinbarung wissen. Die Entscheidung und Auseinandersetzung über diese Frage findet in der Familie statt.

Da an unseren Seminaren Kinder aller Bevölkerungsschichten und unterschiedlichen Kulturen teilnehmen, wissen wir aus Erfahrung, dass nicht in jedem Haushalt ein PC vorhanden ist, und selbst wenn, dieser oft nicht zugänglich oder die Nutzung nur mit Absprache von Eltern und Kindern möglich ist. Der geschützte Raum ist durch das öffentliche Mail nicht gewährleistet.
Ich räume durchaus ein, dass das Verschicken der Nachbereitung ein Ritual ist, das ich persönlich aufrecht erhalte und pflege. Ich erlebe jedoch vermehrt, dass Mitarbeitende diese Form übernehmen und eine ganz eigene Kultur des Austausches an Informationen, Mitteilungen über die verschiedenen Medien so entstanden ist.

Nicht nur in unserem Bildungsangebot gehören Karten bereits zu den Ritualen und Traditionen, auch gesellschaftlich ist ein Trend hin zu Karten zu beobachten. In vielen verschiedenen Geschäften sind Karten zu bekommen.

Warum Karten?

Der Hintergrund unseres pädagogischen Konzepts und die Auseinandersetzung mit den Gedanken von Janusz Korczak stehen mit der Verwendung von Karten im unmittelbaren Zusammenhang. Janusz Korczak verschenkte sie in seiner eigenen pädagogischen Arbeit

als Zeichen der Anerkennung einer besonderen Leistung für die Gemeinschaft.
In Kontext der Seminare mit Geschwistern sind Karten eine Möglichkeit, sich auszudrücken, etwas über die eigene Stimmung zu sagen. Es sind nicht Karten im Sinne von Fleißkärtchen, wie sie früher in den Schulen üblich waren und heute als Lobkärtchen wieder vermehrt verwendet werden. Sie werden nicht wertend ausgeteilt und man kann auch nicht mit Hilfe einer bestimmten Anzahl von ihnen etwas Besonderes erwerben.
Sie werden vielmehr von den Teilnehmenden selbst gewählt. Es sind Karten, die zu Situationen passen können, einen Einstieg in ein Thema bieten.

Sicher ließe sich das Thema und Anliegen eines Treffens auch mit anderen Symbolen vermitteln, es sprechen jedoch einige Gründe für die Verwendung von Karten.
Es gibt sie in einer großen Vielzahl. Karten sind leicht zu bekommen, jeder kann Zugang dazu haben.
Karten lassen sich sammeln (manche Kinder besitzen noch alle Karten und halten sie verschlossen); Karten kann man benutzen, weiterverschicken; mit Karten kann man etwas gestalten (eine Jugendliche hat sich zum Beispiel ihren Spiegel mit lauter Rosenkarten aus der Geschwistergruppe verschönert).
Karten sind praktisch, weil sie nicht zu groß und zu schwer sind, man kann sie überall hin mitnehmen. Die Kosten sind kalkulierbar.

Wenn man Karten in Seminaren verwenden möchte, sollte man ständig auf der Suche nach Karten sein und sich einen Vorrat anlegen. Nur dadurch ist es möglich, auch spontan auf Entwicklungen und Themen in Gruppen mit Karten reagieren zu können.

Arten von Karten

Wir verfügen über normale Postkarten, kleine und große, quadratische und längliche und solche in Scheckkartenform.
In jeder denkbaren Variante gibt es Karten mit unterschiedlichen Sprüchen, nachdenklich stimmende Sprüche (Lebensweisheiten), humorvolle, satirische. Es gibt eine eigene Form von Anerkennungskarten (Ich bin super, das habe ich geschafft.), Lobkarten etc. – große, kleine und Rückmeldungskarten für ein Seminar (für das Seminar als Ganzes, an einzelne Teilnehmende gerichtet).
Es gibt ein umfassendes Angebot an ‚besonderen' Karten: 3-D-Karten, PopUp-Karten, Wechselkarten, Karten mit kleinen Gegenständen (Konfetti, Ohrstöpsel, Nagel usw.), Aufklappkarten (Türen), Leporellokarten, Spiegelkarten, Puzzle-Karten und Karten mit Suchmotiven, Rätselkarten, Bastelkarten, Blechkarten, Karten mit Tönen.
Es gibt Ansichtskarten, Kunstkarten, Karten zu verschiedenen Anlässen (Einladungen, Geburtstag u. a.), Motivkarten (Tiere, Musikinstrumente, Blumen, Natur,

Menschenbilder u. a.), Karten mit Grafiken oder Zeichnungen.
Immer wieder mal sind Karten in Mode mit Bären (tatzino) oder mit Schafen (sheepworld) in der Kombination von Motiven und verschiedenen Sprüchen.
Diese Sammlung von unterschiedlichen Karten hat keinen Anspruch auf Vollständigkeit noch auf eine Rangfolge. Um die Aufzählung abzurunden, sei erwähnt, dass es selbstverständlich runde Karten gibt.

Einsatz von Karten

Karten werden in unserem Kontext bei allen Formen von Seminarangeboten (Kinder, Jugendliche, Eltern, Multiplikatoren) eingesetzt.
Sie sind ein unverzichtbarer Teil geworden, haben jedoch einen unterschiedlichen Stellenwert. Sie können als Einstieg in ein Thema gewählt werden, die eigene Stimmung zum Ausdruck bringen, einen Gesprächsinhalt erschließen und am Ende eines Seminars für eine Rückmeldung stehen.
Wir verfügen über eine große Sammlung an Karten, die ständig ergänzt wird, da die verwendeten Karten als Symbol in den Besitz der Teilnehmenden gehen. Wir verwenden nicht bei jedem Seminar alle Formen von Karten.
Themen und Karten stehen in Verbindung. Das muss vom Mitarbeiterteam im Vorfeld gut überlegt werden, damit der Symbolcharakter erhalten bleibt.

Zum Beispiel setzen wir 3-D-Karten ein bei dem Thema ‚Was sollte sich in meinem Leben verändern, was wünsche ich mir?'
Bei einigen Karten wechselt das Bild, bei anderen die Blickrichtung der Darstellung – wie es durch Lebensereignisse auch geschieht.

Karten sollten in der Verwendung ihren Wert behalten. Der polnische Arzt und Pädagoge Janusz Korczak hat im Zusammenleben mit den Kindern Karten als eine Form der Anerkennung eingesetzt. Für besondere Dienste gab es als Anerkennung eine Karte, meist mit Blumenmotiven. Wenn Kinder sich eine Karte wählen konnten, wünschten sie sich manchmal ein besonderes Motiv – zum Beispiel ein Auto – von dem sie wussten, dass Janusz Korczak es nur von einer seiner Reisen mitbringen konnte. Somit hatten sie eine ganz besondere Anerkennung und wussten, dass sie auch in der Abwesenheit des Leiters des Waisenhauses nicht vergessen waren.
Eine Karte war im Waisenhaus eine Form einer Auszeichnung, die nicht zum Alltag gehörte und eine Besonderheit bleiben sollte, maximal vier im Jahr.
Auf unseren Seminaren gibt es mitunter täglich eine Karte. Als Dr. Michael Kirchner in einem Familienseminar den Eltern von dieser Vereinbarung bei Janusz Korczak berichtete, wandte sich eine Teilnehmerin sofort direkt an mich und sagte: „Hör bloß nicht auf, uns täglich Karten anzubieten. Wir müssen einen Vorrat davon haben, denn im Alltag kommen wir nicht

dazu, sie uns zu suchen. Wir brauchen sie aber gerade dann."

Unsere Erfahrung zeigt:
Wenn Karten, Inhalte und Erlebnisse in einen Zusammenhang gestellt werden, Karten im Kontext zu erarbeiteten Themen, in Erinnerung an Gruppen verwendet werden, ist die Gefahr der Gewöhnung, des Gleitens in eine Bedeutungslosigkeit, des bloßen Sammelns nicht gegeben.

Karten zum Ausdruck der persönlichen Stimmung

In einem Seminar mit Kindern und Jugendlichen dienen in unserem Kontext die angebotenen Karten (Karten mit unterschiedlichen Motiven, nur eine Form von Karten) als Einstieg in den Tag und auch am Ende als eine Form der Rückmeldung. Die Teilnehmenden werden gebeten, etwas zur Wahl der Karten zu sagen.
„Ich habe diese Karte gewählt, weil ich Katzen mag. Mir geht es gut."
„Ich habe diese Karte gewählt, weil Tiger meine Lieblingstiere sind. Ich habe viel Angst gehabt."
„Ich habe diese Karte gewählt – Sonnenuntergang – weil die mich an unseren Urlaub erinnert. Ich möchte gerne wieder dorthin."
„Ich habe diese Karte gewählt, weil mir der Spruch gefällt. Ich habe nichts Besonderes erlebt."

„Ich möchte am liebsten diese bunte Karte haben. Sie erinnert mich an ein schönes Erlebnis.
Ich kann aber auch verzichten, wenn jemand anders sie lieber hätte.“
„Ich nehme die Karte mit den Hasen, weil ich zu Hause auch Hasen habe. Ich gehe zu ihnen, wenn ich traurig bin.“
„Ich habe eine Karte mit Kühen, weil ich immer zu meinem Kälbchen gehe und ihm meine Sorgen erzähle.“
„Ich mag am liebsten die Karte mit dem Sonnenuntergang. Am Abend ist es gut.“
„Ich mag die Karte mit den Wellen. So ist mein Leben.“
„Ich habe die Karte gewählt, weil sie mich an diese Gruppe erinnert.“
„Ich habe diese Karte gewählt, weil ich sie an meine Freundin schicken will. Wir haben zusammen etwas Schönes erlebt.“
„Ich habe die Karte für meinen kleinen Bruder gewählt.“

Wenn die Karte als Einstieg in den Tag gewählt ist, hören wir den Mitteilungen aufmerksam zu. In seltenen Fällen fragen wir nach. Bei Aussagen wie „Ich habe Angst gehabt“ ist eine Rückfrage erforderlich und erfolgt direkt. (Manche Mitteilungen werden protokolliert, um sie später unter den Mitarbeitenden zu diskutieren oder die Aussagen wieder aufzunehmen, sollten sich Zusammenhänge des Verstehens durch andere Beiträge erschließen.)

Kinder, die im Umgang mit dieser Methode geübt sind, fragen oftmals direkt oder am Ende der gesamten Runde bei den Betreffenden nach.
Mitarbeitende beteiligen sich selbstverständlich bei dieser ‚Stimmungsrunde'. Auch sie begründen die Auswahl ihrer Karte.
Wissen sollten sie um die Vorbildwirkung ihrer Mitteilungen. Sagt zum Beispiel ein Mitarbeitender „Ich habe mich auf diesen Tag gefreut, deshalb habe ich die Karte mit der Sonne gewählt, aber ich bin noch müde." ist zu beobachten, dass die Teilnehmenden die Mitteilung sofort aufgreifen und die ausgesprochene Müdigkeit sozusagen alle „erfasst" als Legitimation, nicht so sehr aufpassen zu müssen.

Am Ende eines Tages bekommt dieselbe Vorgehensweise eine zusätzliche Bedeutung als Rückmeldung zum erlebten Tag.
„Mir hat der Tag heute gefallen, am besten waren die Arbeitsgruppen."
„Ich habe eine Vogelkarte gewählt, weil ich Vögel am liebsten mag. Beim nächsten Mal sollten mehr Vogelkarten dabei sein."
„Ich habe die Karte mit dem Sonnenuntergang gewählt, weil heute für mich hier auch alles gestimmt hat."
„Ich habe die Karte mit den Erdmännchen gewählt. Sie erinnert mich an die Gruppe. Das brauche ich, wenn sie nicht da ist."

Wichtig bei allen Mitteilungen an eine Gruppe ist es, dass die Karte so gezeigt wird, dass alle sie sehen können, das will geübt sein.

Wie komme ich an die Karte meiner Wahl?

Es wird eine Auswahl an Karten in den Innenraum der Gruppe, die vorwiegend im Kreis (ohne Tisch) sitzt, gelegt, auf jeden Fall so, dass jeder alle Karten sehen kann. Es sind immer mehr Karten vorhanden, als Teilnehmende da sind, damit auch der/die Letzte die Möglichkeit zu einer Wahl hat. Keine Karte ist doppelt vorhanden.

Durch diese Form wird unter anderem auch das Thema „Gerechtigkeit“ mittransportiert:
Wie komme ich an das, was ich haben möchte?
Wer konkurriert mit mir?
Wie lange dauert dieses Verfahren?
Ist es das wert?

Es ist vielleicht exemplarisch. In einer Familie ist das in dieser Form nicht möglich. Geschwister äußern häufig, dass sie gewohnt sind zu verzichten.
Gibt es Grenzen bei einer solchen Vorgehensweise?
Wichtig ist es, im Laufe eines Seminars über die Beobachtungen offen zu sprechen, die damit verbundenen Themen aufzugreifen.

Jeder Teilnehmer hat eine Namenskarte, die er auf die Karte stellen kann, die er haben möchte, auch wenn dort schon andere sind.
Werden Karten doppelt gewünscht, gibt es folgende Möglichkeiten.

- Einige verzichten freiwillig und wählen sich eine andere Karte.
- Es wird gelost (über das Verfahren wird eine Einigung hergestellt).
- Keiner bekommt die Karte. Sie wird für alle neu besorgt und zugeschickt (die Gruppe bestimmt das Verfahren).
- Sollten ein Mitarbeitender und ein Teilnehmer Interesse an der Karte haben, hat der Mitarbeitende zugunsten des Teilnehmenden eine andere Wahl zu treffen.

Erst wenn alle Karten nur einmal besetzt sind, nimmt jeder sich seine Karte und dann beginnt die Vorstellungsrunde.

Was zeitaufwendig klingt, entspricht unseren Erfahrungen nach nicht der Realität. Da über diese Modalität das Ernstnehmen der eigenen Wünsche vermittelt wird, sind alle engagiert bei der Sache.
Das gilt für neue Gruppen und die Einführung dieser Methode als auch für kontinuierliche Gruppen.
Wenn Kinder dieses Verfahren als gute Form erlebt haben, sind sie selbst nach kurzer Zeit in der Lage, es anderen zu vermitteln.

In einer Gruppe, die dieses Verfahren kennt und als eigenes/ihres übernommen hat, sind dann manchmal weitere Beobachtungen und Fragen möglich:

- Ein Kind, das sich nicht entscheiden kann.
  Es sieht sich alle Karten immer wieder an, selbst wenn alle anderen schon wieder sitzen und auf den Start der Vorstellungsrunde warten. Es braucht diese besondere Aufmerksamkeit von allen, die teils genervt, teils geduldig abwarten, bis dieses Kind eine Karte gefunden hat. Wozu? Was wird zum Ausdruck gebracht?

- Ein Kind, das seinen Namen immer nur auf eine Karte legt, die schon besetzt ist.
  Ist das ‚Stechen' um die Karte ein eigener Wert oder geht es darum, eine zusätzliche Karte per Post zu haben, wenn dies angeboten wird? Was ist zu beobachten, anzusprechen und zu klären, zu entscheiden?

- Vielfältig zu deuten ist die Situation, wenn ein Kind, ein Jugendlicher bei einer umfangreichen Auswahl sagt: „Für mich ist nichts dabei."
  Ist selbst bei einer großen Auswahl an Karten wirklich nichts dabei oder geht es um eine besondere Form der Aufmerksamkeit?
  Steht dahinter die Aussage „Ihr habt nicht genug an mich gedacht."? Oder bedeutet es ein-

fach: „Ich finde wirklich nichts, ich weiß auch nicht, wie es mir wirklich geht."
Wenn auf die Nachfrage, welches Motiv, welche Karte denn dabei sein müsste, keine Antwort möglich ist, spricht einiges für diese Interpretation.
Es kann damit auch eine Aussage gemacht werden wie „Das bringt mir hier auch nichts. Für mich ist das nichts mehr.".

Es bedarf eines persönlichen Gesprächs, um diese Situation entsprechend zu klären und die Aufmerksamkeit der Gruppe nicht zu überfordern.

Eine ganz besondere Herausforderung

stellen Kinder und Jugendliche dar, die zwar keine richtige Karte finden, sich für eine andere entscheiden und dann mitteilen: Anerkannt fühlte ich mich nur dann, wenn ich eine Karte bekommen könnte, auf der ein richtiger Trecker ist.
Max, 9 Jahre, der diesen Wunsch in die Gruppe einbrachte, merkte dazu noch an, dass es nicht legitim sei, wenn ich diese Karte selber fotografieren und ausdrucken würde. Er brauche für seine Anerkennung eine Karte mit einem Trecker, die man so kaufen kann wie alle anderen Karten auch.

Ich versprach, danach zu suchen, hatte den Auftrag als lösbar empfunden und musste andere Erfahrungen machen. Ein angeschriebener Kartenhersteller schrieb: „Wir retuschieren alle Trecker weg, sie stören in der Landschaftsaufnahme.“ Freunde in der ganzen BRD und in der Schweiz suchten mit. Irgendwann gaben wir auf, fotografierten alte Trecker und schickten sie Max. Wir berichteten ausführlich über unsere Bemühungen. Er konnte diese Anerkennung dann annehmen.

Der 15-jährige Sören wünschte sich eine Karte mit Ameisen. Ameisen hätten eine besondere Bedeutung für ihn, da Ameisen sehr fleißig seien, einzeln und als Gruppe viel leisten könnten. Oft aber würden sie einfach zertreten.

Er ergänzte: Geschwister von Kindern mit Behinderung würden mit ihren Leistungen oft nicht gesehen und anerkannt.

Zunächst konnte ich keine Ameisenkarten finden.

Alle Versuche von „Übergangskarten“ – Bäume, zu denen man sich Ameisen vorstellen konnte – fanden keine Akzeptanz.

Einige Monate später entdeckten wir gleich mehrfach Karten mit Ameisen – mit und ohne Text. Ein Text auf einer Karte mit Ameisen, die etwas transportieren und einen Weg bauen, lautete:

Wege werden bewältigt, indem man sie geht
(Franz Kafka)

Eine andere Karte – eine längliche – zeigt viele Ameisen, die gemeinsam eine große Eichel transportieren.

Diese Karte zählt heute mit zu den Lieblingskarten mancher Kinder und Jugendlicher. Sie beschreibt für sie den Umfang einer Leistung, wenn gemeinsam getragen wird.
Eine weitere Erfahrung ist die Darstellung von Aussagen, Lebenserfahrungen durch eine Reihe von Karten.

Als Ergänzung zur Ameisenkarte (die Sören übrigens alle zugeschickt bekam) wählen teilnehmende Geschwister häufig als zweite Karte eine ebenso lange Karte mit zwei Igeln, einer eingerollt, der andere bemüht, den eingerollten zu berühren.
„Manchmal muss man seine Stacheln zeigen. Manchmal muss man sich zurückziehen. Aber die anderen müssen wissen, dass man noch da ist."
Die dritte Karte in dieser Reihe zeigt zwei Blaufußtölpel, sozusagen im Dialog.
Der Text auf der Rückseite heißt: ‚Verstellungskünstler.'
Als Kommentar von Geschwistern: „Das passt!"
Ein anderer Teilnehmer bemerkte: „Man könnte es ein bisschen falsch lesen, dann würde es ‚Vorstellungskünstler' heißen."
„Passt auch", lautete die Antwort in der Gruppe.

Es hat sich in den Seminaren mit der Zeit eine Möglichkeit entwickelt, die persönlichen Fragen oder Aussagen mit einer Reihe von Karten auszudrücken, ohne selbst Worte dafür suchen zu müssen.

Ein Jugendlicher, der auf die Karte seiner Wahl zunächst verzichtete, nahm als zweite Wahl die Karte mit dem Text:
Läuft (gemeint war das Versprechen, diese Karte nachgeschickt zu bekommen).
Als er zum zweiten Mal beim ‚Stechen' um eine Karte verlor, wählte er die nächste Karte:
„Das wird."

Im Anschluss an Seminare bekomme ich manchmal Kartenserien zugeschickt, ganz ohne Hinweise und ohne Nummerierung. Ich kann und muss dann mit den Karten ‚spielen', umgehen, um die Botschaft des Absenders richtig deuten und/oder gezielt nachfragen zu können.
Einige Beispiele dazu, die ich bewusst ohne Kommentar lassen möchte.

- (Linie um ein Labyrinth herum) Warum soll man sich das Leben unnötig schwer machen?
- Jeder Tag bringt neue Kraft, und sie wird auch nicht für mehr als einen Tag gegeben.
- Die besten Ideen werden sogar noch besser, wenn du sie teilst.
- Was ist Geborgenheit? Zwei offene Arme, die einen umschließen und in denen man sich sicher fühlt, aber nicht eingeengt.
- Es ist nicht notwendig, verrückt zu sein, aber es hilft.

- Leben heißt, Menschen und Dinge festhalten und wieder loslassen.
- Es ist nicht genug zu wissen, man muss es auch anwenden.
  Es ist nicht genug zu wollen, man muss es auch tun!

oder

- Ich bin nur für das verantwortlich, was ich sage, nicht für das, was Sie verstehen.
- Ich bin nicht kompliziert – sondern eine Herausforderung.
- Toleranz ist ... tief durchatmen.
- Jedes Mal, wenn du die Antworten gelernt hast, ändern sich die Fragen.
- Ein Argument wird nicht besser, wenn man es ständig wiederholt.
- Sei du selbst, alle anderen sind bereits vergeben.
- Man wird ja praktisch immer missverstanden.
- Nichts ist aufreizender als die Gelassenheit.
- Ich wünsche dir Gelassenheit, Selbstbewusstsein und Neugier –sowie ab und zu ein dickes Fell.
- Wenn alles mal wieder kopfsteht, betrachte die Welt aus einer neuen Perspektive.

oder

- Was ich dir wünsche:
  Kraftvolle Erinnerungen an gelungene Momente der Selbstwerdung.

Mitten in deinen Selbstzweifeln wünsche ich dir
jenes unerwartete Wort,
das aufrichtet zum nächsten Schritt,
jene zärtliche Geste,
die bewegt zu mehr Selbstvertrauen,
jene Erinnerung,
die vom Aufbruch aus auswegloser Situation erzählt.
In unerwarteten Begegnungen sei dir geschenkt,
was dein Herz sucht.

- Es sind meist die kleinen Dinge, die das Leben bunt und lebenswert machen.
- Ein Geschenk
  Manche Menschen wissen nicht, wie wichtig es ist, dass sie da sind.
  Manche Menschen wissen nicht, wie gut es tut, sie nur zu sehen.
  Manche Menschen wissen nicht, wie wohltuend ihre Nähe ist.
  Manche Menschen wissen nicht, wie viel ärmer wir ohne sie wären.
  Manche Menschen wissen nicht, dass sie ein Geschenk des Himmels sind.
  Sie wüssten es, würden wir es ihnen sagen.
  (Petrus Ceelen)
- Balance
  Das Leben ist wie ein Fahrrad: Man muss in Bewegung bleiben, um die Balance zu halten.
  (Johann Wolfgang von Goethe)

- Viel Glück!
  Was immer du wünschst, möge sich erfüllen, was immer du anfängst, möge dir gelingen, wen immer du liebst, möge dich auch lieben.
- Die Zeit heilt nicht alle Wunden, sie lehrt, mit dem Unbegreiflichen zu leben.
- Freunde sind wie Sterne. Du kannst sie nicht sehen, aber sie sind immer da.
- Aus dem Buch deines Lebens kannst du keine Seiten heraustrennen, aber immer wieder ein neues Kapitel beginnen.
- Ob eine Sache gelingt, erfährst du nicht, wenn du darüber nachdenkst, sondern wenn du es ausprobierst.
- Aufbruch
  Ob sich ein Weg lohnt, erkennst du erst, wenn du losgegangen bist.
- Lass es dir gut gehen
  Deine erste Pflicht ist,
  dich selber glücklich zu machen.
  Bist du glücklich,
  so machst du auch andere glücklich
  (Ludwig Feuerbach)

Besonders spannend ist in Seminaren der Einsatz von Karten sozusagen in Form einer ‚Hitparade'.
Die begleitenden Fragen dazu sind:
‚Was ist deine Lieblingskarte und was verstehst du darunter?' ‚Für wen gilt diese Aussage?'

Bei der Verwendung der Karte mit dem Text *Ich sehe nur so brav aus, damit die Überraschung größer wird* haben wir Folgendes erlebt:
Es war unsere Absicht zu erfahren, ob sich die Teilnehmenden selbst von der Aussage angesprochen fühlten. Sie selbst bezogen die Aussage mehr auf das Verhalten ihrer Geschwister mit Behinderung.

Zur ‚Hitparade' gehören zurzeit Karten mit Aussagen wie

- Meine Meinung steht fest. Verwirr mich nicht mit Tatsachen.
- Manchmal ist es das Vernünftigste, einfach ein bisschen verrückt zu sein.
- Ich bin nicht launisch. Ich nenne das spontane emotionale Kreativität.
- Man wird ja praktisch immer missverstanden.
- Lass mich! Ich muss mich da kurz reinsteigern.
- Ich sehe nur so brav aus, damit die Überraschung größer wird.
- Eigentlich bin ich ganz anders – ich komme nur so selten dazu.
- Ich bin nicht kompliziert, sondern eine Herausforderung.
- Du hast zwar recht, aber ich finde meine Meinung besser.
- Wenn ich dir jetzt recht gebe, dann liegen wir ja beide falsch.

Andere Erfahrungen entstanden im Umgang mit Karten mit ‚Sinnsprüchen'.
Als ich in einem Seminar mit erwachsenen Geschwistern zu Beginn eines Tages für eine ‚persönliche Stimmungsrunde' sehr unterschiedliche Karten in die Mitte des Raumes legte, wurde im Hintergrund gemurmelt: „Bloß keine Spruchkarten! Ich kann das nicht mehr hören, was das Leben alles sein soll!"
Ich nahm diese Bemerkung auf und entfernte alle Spruchkarten und stellte ausschließlich Karten mit unterschiedlichen Motiven für diese erste Gesprächsrunde zur Verfügung.
Es wurde eine ausgesprochen lange Vorstellungsrunde mit ausführlichen Begründungen zur persönlichen Auswahl einer Karte.
Am Ende bemerkten die Teilnehmenden selbst, dass sie auch anhand dieser Karten bereits ihre wichtigen Erfahrungen einbringen wollten. In späteren Runden baten sie darum, doch die Spruchkarten mit zur Verfügung zu stellen.

Karten als Themeneinstieg

Karten können das Thema eines Seminars beschreiben und als Gesprächseinstieg genutzt werden wie zum Beispiel die Karte:
Ich kenne meine Grenzen. Ich überschreite sie ja oft genug.

Die Karte wurde zeitgleich an alle Teilnehmenden verteilt.
Diskutiert wurden Fragestellungen wie:

- Welche Grenzen kenne ich? Bei mir? In meiner Familie? Welche Grenzen erkenne ich an?
- Welche Grenzen überschreite ich? Welche Folgen hat das?
- Will ich etwas ändern? An den Grenzen? An meinem Verhalten dazu? Mit wem möchte ich darüber ins Gespräch kommen?

Über **Suchkarten** (Wimmelkarten mit der Aufforderung, etwas zu finden, das fehlt, anders ist etc.) wird häufig der Einstieg in Themen gefunden wie:

- Was suche ich hier?
- Wonach suche ich?
- Was erkenne ich?

Erwähnt sei auch eine Karte mit einer besonders gestalteten Aussage:
Alles auf Anfang.
Auf diese Weise ist eine neue Situation immer als solche zu kennzeichnen und zu betonen, dass Vorerfahrungen jetzt nicht mit einbezogen werden.

Zusätzlich von Bedeutung kann die Auseinandersetzung mit der Form der Karten sein. In jedem Seminar werden ‚Verpackungen' angeboten, in die alle Symbole hineingegeben werden können.

Manchmal ist der Einstieg in ein Thema darüber zu finden, dass für gewählte Verpackungen die angebotenen Formen der Karten nicht passen.
Die Erfahrung verbindet sich immer mit dem Thema:

- Was hat in meinem Leben nicht gepasst?
- Was möchte ich so gerne passend machen?
- Was habe ich für mich schon passend gemacht?
- Wo habe ich mich (nicht) angepasst?

Karten, die selbst gestaltet werden, in der Verbindung zu Themen

Im umfangreichen Angebot gibt es auch Karten, die einen Gegenstand enthalten (Ohrstöpsel, Geduldsfäden etc.). Sie bieten gute Möglichkeiten, persönliche Themen anzusprechen. Teilnehmende gestalten ihre Karten dabei nach einer Vorlage in ihrem Stil. Sie können in die Innenseite dann zum Beispiel schreiben:

- Das kann ich nicht mehr hören.
  (in meinem Leben, von meinen Geschwistern, von Eltern, von Lehrern etc.)

oder

- Dafür brauche ich viel Geduld.
  (mit mir, in unserer Familie, mit Freunden etc.)

Durch den Austausch der Ergebnisse in einer kleinen Gruppe, die später in der Zusammenfassung der größeren Gruppe vorgestellt werden, entstehen interes-

sante Beobachtungen. Es können weitere Fragen formuliert werden, die Beiträge zu Lösungsmöglichkeiten, anderen Umgangsformen mit den Situationen beinhalten. Bei Besonderheiten, bedingt durch die Behinderung eines Geschwisterkindes oder einer besonderen Konstellation in der Familie, können auftretende Fragen geklärt werden.
Diese Form des Umgangs mit gestalteten Karten, erst in der Einzelarbeit, dann in einer Kleingruppe, abgerundet durch die Darstellung und den Austausch in der Gesamtgruppe (bei einer größeren Seminargruppe), lässt sich auf andere Themen und die Gestaltung von Karten erweitern. Der Fantasie und den Möglichkeiten sind dabei kaum Grenzen gesetzt.
So entstanden zum Beispiel ‚Trostkarten' (mit Pflastern gestaltet), eine Karte mit einem Nagel wurde zum ‚Notnagel', Karten mit Losen oder auch mit ‚Wunschpulver' geben Anstoß zu intensivsten Gesprächen.

Auf die besondere Verwendung einzelner Karten möchte ich an dieser Stelle noch aufmerksam machen.

Jedes Mal, wenn du die Antworten gelernt hast, ändern sich die Fragen.
Die Karte eignet sich am Ende eines Seminars als Mitteilung an die Teilnehmenden. Sie enthält u. a. den Hinweis, dass begonnene Auseinandersetzungen zu Hause weiter wirken werden und zu neuen Fragestellungen führen können.

Eine andere Möglichkeit am Ende einer Veranstaltung ist auch der Einsatz von ‚runden Karten', um danach zu fragen, was denn für diesen Tag, dieses Seminar zum Abschluss kommt, kommen kann oder auch noch nicht.
Runde Karten sind in jedem Fall eine Möglichkeit, am Ende eines Seminars einen deutlichen Schlusspunkt zu setzen.

Geschwister schätzen in besonderem Maß die ‚Anerkennungskarten', die sie sich entweder selbst suchen können oder die ihnen im Austausch der Teilnehmenden gegeben werden.
Feststellungen wie ‚Du bist super' oder ‚Ich habe das geschafft' eignen sich ebenso wie kleine Scheckkarten mit Aussagen wie ‚Bodyguards für dich', ‚Ich bin für dich da, auch wenn du dich einigeln möchtest' oder ‚Wir sind immer an deiner Seite', ‚Du bist etwas Besonderes!', ‚Du bist so toll, weil du so anders bist!'
Sie sind meist verbunden mit ohnehin beliebten Motiven.

In Kontakt bleiben über Karten

Wenn nach den Seminaren oder zwischen den Seminartagen einer Reihe Kontakt zu einem Teilnehmenden gehalten werden soll, ist es ein aufmerksames Zeichen, dazu die Karten mit den Lieblingsmotiven des

Kindes, des Jugendlichen, des Erwachsenen zu benutzen.
Kinder und Jugendliche teilen diese Bitte nicht unbedingt mit, melden aber meist zurück, dass es gut ist, wenn Mitarbeitende sich erinnern, welches Motiv das bevorzugte Motiv der persönlichen Wahl war.
Karten mit Pinguinen, Eisbären, Delphinen, Pferden, Blumen gehören meist zu den besonderen Wünschen.

Botschaften, Rückmeldungen durch Karten

Die Kinder und Jugendlichen als Teilnehmende einer Seminarreihe hatten sich mit unterschiedlichen Formen von Karten befasst, einige selbst hergestellt, immer verbunden mit den Themen ihrer Gespräche, Fragen und Auseinandersetzungen.
Am Ende der Seminarreihe gestalteten sie eine persönliche Karte (Farbe, Größe in freier Wahl) nach ihren Vorstellungen (Zeichnungen, Sticker, Gegenstände) und schrieben den Spruch darauf, der für sie wichtig war.
Sie konnten Sprüche übernehmen aus ihren ‚Hitparaden' von Karten oder eigene erfinden.
Auf einem (verbindenden) Gruppenleporello hatte jedes Kind einen eigenen Platz, auf dem einige wichtige Worte standen und auch diese Karte befestigt war.
Am Ende der Seminarreihe wurde das Gruppenleporello aufgelöst. Jedes Kind nahm seine Karte mit und las den Text der Gruppe vor.

Einige Beispiele

- Das Zusammenhalten zweier Freunde ist wie eine saure Zitrone. Sie kann jede Zeit überstehen, ob süß oder sauer.
  Eine Zitrone kann süß sein oder auch sauer. Sie kann sich verändern wie die Freundschaft: Wenn dein Freund dich im Stich lässt, ist die Zitrone sauer, ist er bei dir, ist sie süß.
- Du packst das!!!
- Mit einem Freund an deiner Seite ist alles nur halb so schlimm, aber doppelt so gut.
- Du musst nicht sein wie jemand anderer; sei mutig, geh deinen eigenen Weg.
- Ich stehe zu mir, auch wenn ich manchmal neben mir stehe.
- Die besten Freunde sind, wenn man über dieselben Dinge schweigt.
- Sei du selbst. Alle anderen sind schon vergeben.
- Ein Freund ist jemand, der genau dann zu dir kommt, wenn die Welt dich verlassen hat.
- Wege entstehen, indem man sie geht.
- Derjenige zeigt Größe, der sich neben seine Freunde stellt, obwohl er sich deren Fehler bewusst ist.
- Oft läuft nicht alles nach Plan. Das Suchen nach einer zweitbesten Lösung ist nicht immer leicht. (*unbedingt eine Aufforderung zur Nachfrage und Klärung, was zu tun ist*)
- Ich pack das!

In der besonderen *Herausforderung* der Gestaltung auf einer schwarzen Karte:
Ich bin nicht kompliziert (weiß geschrieben),
sondern eine Herausforderung (schwarz auf schwarz geschrieben).

Karten drücken eine eigene Form der Verbindlichkeit auf, ergänzt durch ihre Aussagen.
Sie können Verbindungen herstellen und Beziehungen aufrechterhalten.

Als Beispiel dient die Karte mit den Erdmännchen, ein aktuell beliebtes Motiv, mit dem Text:
Wir sind für dich da!
Denk immer daran. Ein Haufen Freunde steht hinter dir und für dich holen wir auch noch unsere Brüder!
Ergänzt durch eine 3-D-Karte mit einer Gruppe von Erdmännchen, die ihre Blickrichtung ändern, heißt das so viel: Wir achten mit auf dich. Du kannst dich an uns wenden.

Karten haben immer den Sinn, etwas mitzuteilen. Deshalb werden aus dem Urlaub zum Beispiel Ansichtskarten verschickt an die, die nicht dabei sind.
Karten halten Verbindungen, Beziehungen aufrecht.
Wenn eine Gruppe gemeinsam schwierige Lebenssituationen einzelner Teilnehmer mit ausgehalten hat – zum Beispiel den Tod von Angehörigen –, sind Karten,

die aus der Gruppe an die Teilnehmenden oder ehemals Teilnehmenden geschrieben werden, ein Zeichen der Verbindung, des ‚Nicht-Vergessen-Werdens'.
Über Karten werden Verbindungen gehalten zu denen, die nicht mehr teilnehmen können, an die man sich gerne erinnert: Kinder, Jugendliche, Mitarbeitende, Referenten etc.
Auch in der persönlichen Begegnung mit Menschen können Karten die Beschreibung von Aussagen oder persönlichen Stimmungen unterstützen (siehe in diesem Kapitel die Praxis von K. W.).
Welche Verbindungen auch im Anknüpfen an ein gemeinsames Erlebnis stehen können, zeigt das Beispiel von Mario (Geschichte im Anhang).

Hinweis:

Um Karten als Methode einsetzen zu können, dass diese mit Freude und Authentizität erfahren wird, kann man für sich selbst Erfahrungen sammeln und den Umgang damit üben.
Aus einer Sammlung von Karten wählt man für sich Karten zu folgenden Fragestellungen aus:

- Was sind die schönsten Karten für mich?
- Was sind die wichtigsten Karten?
- Mit welchen Karten kann ich ein für mich bedeutendes Thema beschreiben?

- Mit welchen Karten verbinden mich besondere Erinnerungen?
- Mit welchen Motiven kann ich besonders viel anfangen?

Manche Aussagen von Karten können zum Abschluss nur für sich sprechen.

Wenn ich nur darf, wenn ich soll,
aber nie kann, wenn ich will,
dann mag ich auch nicht, wenn ich muss.
Wenn ich aber darf, wenn ich will,
dann mag ich auch, wenn ich soll
und dann kann ich auch, wenn ich muss.
Denn schließlich: Die können sollen,
müssen auch wollen dürfen.

Wenn ich wollte,
wie ich sollte,
könnte ich auch,
weil ich müsste.

Ein Argument wird nicht dadurch besser,
dass man es ständig wiederholt.

Die Sprache ist die Quelle der Missverständnisse.
(Saint-Exupery: Der kleine Prinz)

Es ist, wie es ist.

Karten als Lebenssymbole

„Wenn ich eine Wand versetzen will, handelt es sich bestimmt um einen Stahlträger."
Wenn ich diese Aussage von K. W. annähernd richtig verstehe, würde ich sie in etwa so interpretieren wollen: „Eigentlich möchte ich doch Entscheidendes verändern, wenn ich es denn könnte."
In ihren Erzählungen aus ihrem Leben gibt sie an, dass sie sich selbst immer wieder neu orientieren musste. Die Rahmenbedingungen wurden gerade dann verändert, wenn sie einen neuen Weg beginnen wollte.
Dennoch ließ sie sich in den neu gegebenen Bedingungen darauf ein und folgte ihrem eigenen Weg, traf immer neue Lebensentscheidungen und startete sozusagen neu durch.
Die ihr wichtigen Lebensgrundlagen – Freiheit, Entscheidungsmöglichkeiten, Unabhängigkeit – konnten erhalten bleiben.
Mit der Unterstützung von Karten würde sie die dort dargestellten Aussagen als wichtig bezeichnen wie

- Alles wieder auf Anfang.
- Es könnte alles so einfach sein, ist es aber nicht.
- Finde heraus, was du gern tust, dann tu's.
- Es ist, wie es ist.

Die Karten verdeutlichen die auf ihr Leben bezogene und auf das Leben anderer Menschen bezogene Aussage, dass es zwar nicht immer einfach, wohl aber möglich ist, neu anzufangen, neu zu beginnen – auch ohne ‚Altlasten' ständig im Blick zu haben.

Ein Vorbild für dieses zielorientierte, zielstrebige Verhalten ist für sie eine Verwandte, die ihr – eigentlich unerwartet, unvorhersehbar – nach einer Lebensentscheidung gezeigt hat, dass neue Energien durch neue Anfänge im Leben frei werden, sodass Kraft und Mut für immer neue Wege zur Verfügung stehen.

Aus der umfangreichen Auswahl von 3-D-Karten sind ihr die liebsten solche, die den Wechsel von Blickrichtungen verdeutlichen.
Im Leben schafft der Wechsel einer Blickrichtung neue Zugänge zu Einsichten und Möglichkeiten von Entscheidungen und Entwicklungen.

3-D-Karten übermitteln auf eine zwar überraschende, doch sehr freundliche, mitunter humorvolle Weise Botschaften an Menschen.
Beispiele:
„STOP and GO“
„Menschen, die mit verschiedenen Sportarten in Bewegung sind“
„Ein Mensch vor dem PC, der davor ‚verzweifelt‘“
„Ein Wirbelsturm, ein Tornado, den man eigentlich nicht erwartet und zunächst auch nicht erkennt“
„Ein Mensch in einem Laufrad“
etc.

Die Erfahrungen von K. W. im Berufsfeld einer Ärztin zeigen, dass Gespräche mit dieser Form der Karten untermalt und eröffnet werden können, Aussagen

verdeutlichen, auch ohne Worte benutzen zu müssen. Sie nehmen nicht den Ernst einer Mitteilung, sondern setzen ihn auf eine besondere Weise um.
Das mag auch an ihrer persönlichen Fähigkeit liegen, sich selbst von diesen Karten angesprochen zu fühlen und die Aussagen somit überzeugend vermitteln zu können; gerne etwas zu versuchen, etwas (spontan und nicht geplant) zur Verfügung zu haben, das Botschaften an Menschen unterstützen kann.
Die Mitteilungen eines Menschen zu verstehen und dieses Verständnis auch zu vermitteln, ist ihr ein elementares Anliegen, ebenso auch ihre fachliche Reaktion auf diese Mitteilungen Patienten deutlich zu erklären.
Hat K. W. manche dieser speziellen Fähigkeiten erworben durch das Zusammenleben mit dem ‚sprachlich herausfordernden' Bruder in ihrer Familie? Dazu gehören u. a. auch das Vermeiden von Worten und das Umschreiben von Inhalten.
Sind das ihre persönlichen Eigenschaften, die durch diese Herausforderung besonders ausgeprägt wurden? Oder haben sie sich erst durch das Zusammenleben gebildet?
Diese Fragen lassen sich wie bei anderen Geschwistern letztlich nicht klären. Ebenso wenig ist jedoch abzustreiten, dass es in jedem Fall eine Beeinflussung gegeben hat.

Beruflich bedingt ist für K. W. die WHO-Definition über Behinderung ein verpflichtender Maßstab.

In der Begegnung mit Menschen und der Begleitung von medizinischen Behandlungen ist es ihr wichtig, offen zu bleiben, zu klären und aufzuklären und zu ermöglichen, dass sich Menschen so lange wie möglich ihre Mobilität erhalten, somit Unabhängigkeit bewahren können.

Authentisch weitergeben kann K. W. sowohl ihre Erfahrungen als auch ihre Ansichten und Fähigkeiten, beeindrucken kann sie in ihrer Arbeit durch ihre authentischen Aussagen und Überzeugungen. Das schafft für viele Menschen eine Basis, kontinuierlich von ihren beruflichen und menschlichen Fähigkeiten profitieren zu können.

Bei dem größtmöglichen Wunsch nach Mobilität und Unabhängigkeit ist es ihr geradezu auch ein Anliegen, sich einer Beständigkeit bewusst zu sein.
Ausgedrückt durch die Wahl von Karten sind es solche (3-D-Karten) vom Meer, beständige Erlebnisse wie der mit Sicherheit wiederkehrende Wechsel von Ebbe und Flut, die trotz enormer Bewegung eine Zuverlässigkeit haben und somit eine beruhigende Wirkung.

Die Frage der Anerkennung und des Anerkannt-Werdens von besonderen Leistungen auf dem eigenen Weg muss offen bleiben wie bei vielen anderen Menschen auch.
Die Herausforderung bleibt bestehen, sich selbst und gerade dann anzuerkennen, wenn andere es nicht sehen können.

Wünsche können nicht irren.
(Text einer Karte)

Ein ‚besonderes' Erlebnis?

Bei der Vorstellungsrunde in einem Seminar für Geschwister – zeitgleich mit einem großen Treffen einer Selbsthilfegruppe – stellt ein zehnjähriger Junge seine Familie vor.

„Ich lebe jetzt in einer Pflegefamilie, weil meine andere Familie sich nicht gut um mich gekümmert hat. Ich war viel zu viel alleine. Das Jugendamt hat mich aus meiner Familie genommen. Ich kam erst in eine andere Familie, dann in ein Heim. Da ging es mir nicht gut. Jetzt lebe ich in meiner neuen Familie mit meiner behinderten älteren Schwester. Die Geschwister aus meiner anderen Familie stelle ich nicht vor."

Die teilnehmenden Kinder kannten alle die Behinderung der Schwester. Jeder im Seminar brachte die eigene Familiengeschichte ein, als jüngerer Bruder, als ältere Schwester eines Bruders, einer Schwester mit Behinderung und evtl. weiteren Geschwistern.

Eine Familiengeschichte wie Mario sie vorstellte, kannte niemand aus eigenem Erleben.

Ich erkannte es an den erstaunten Gesichtern der Teilnehmer und sprach es aus.

Einige Kinder trauten sich, Mario weitere Fragen zu stellen, zum Beispiel, ob er vorher gewusst habe, dass in der Pflegefamilie ein behindertes Kind lebe.

Mario antwortete, dass er darüber informiert gewesen sei. Er habe aber nicht gewusst, was es bedeute, mit einer Behinderung zu leben, und lerne jetzt sehr viel dazu.

Mario ging sehr offen mit seiner besonderen Lebensgeschichte um. Als ein Kind ihn fragte, warum er nicht nur seine neue Familie vorgestellt habe, meinte er, dass er schon zwei Familien habe und das auch nicht verschweigen wollte.

Mario beteiligte sich gerne und neugierig an allen Gesprächen und stellte viele Fragen, hörte den anderen Kindern aufmerksamst zu. Dazu war er jederzeit in der Lage. Es war sein erstes Geschwisterseminar.
Bei der Auswahl der Symbole stellte er immer wieder die Frage, ob er sie wirklich behalten dürfe.
Nach mehrfacher Bestätigung achtete er sehr darauf, dass er seine Sachen immer beisammen hatte. Alle teilnehmenden Kinder hatten dazu eine eigene Seminartasche, selbstverständlich versehen mit einem Namensschild.
Bei der Auswahl von Karten zur Feststellung der eigenen Stimmung war eine Fußballkarte bei den vielen Jungen sehr beliebt. Sechs Kinder wollten diese Karte unbedingt haben. Mario verzichtete sofort auf die Karte. Das wollten die anderen Kinder auf keinen Fall. Er ließ sich aber die Karte nicht aufdrängen. Daraufhin wollte auch kein anderes Kind diese Karte haben.
Da ich sicher war, diese Karte in ausreichender Zahl nachkaufen zu können, bot ich den Kindern an, dass ich sie ihnen nach dem Seminar zuschicken würde. Ich

bat sie, sich für die Aktion im Seminar zunächst eine andere auszusuchen.

Mario traf sofort eine andere Wahl.
Die anderen fünf Jungen beschlossen, die vorhandene Karte auszulosen, sodass wenigstens einer diese Karte sofort haben konnte.
Die anderen vier Jungen nahmen eine Karte sozusagen ihrer zweiten Wahl. Sie erkundigten sich mehrfach, ob sie tatsächlich alle mit den Nachbereitungsunterlagen die Fußballkarte noch zusätzlich zugeschickt bekämen. Sie konnten mir an dieser Stelle nur vertrauen. Kein Kind hatte diese Situation auf einem anderen Seminar zuvor schon erlebt.
Das Seminar endete am Samstagabend und wurde am Sonntagvormittag fortgesetzt. Die Kinder ließen für den Abend ihre mit einigen Symbolen gefüllten Taschen im Raum, um die Sachen nicht zu verlieren und sie gemeinsam bei der Präsentation vor den Eltern zeigen zu können.
Da sich unter den Symbolen auch ein Leuchtstift befand, der am Abend bereits gut zum Einsatz kommen konnte, durfte jeder für sich entscheiden, ob er den Stift schon mitnehmen wollte.
Wie es auf ähnlichen Treffen bei Selbsthilfegruppen üblich ist, konnten nicht mehr alle Kinder am Sonntag am Geschwisterseminar teilnehmen. Da einige Kinder daher am Abend ihre Seminartaschen schon mitnehmen konnten, baten sie die verbleibenden Kinder darum, den Inhalt nicht in der Öffentlichkeit der Tagung

auszupacken, da es für ihre Eltern zum Abschluss des Seminars eine Überraschung sein sollte.
Am nächsten Morgen trafen viele Kinder pünktlich im Gruppenraum ein. Da noch Zeiten und Raumfragen abzustimmen waren, entstand eine Wartezeit, die alle gerne mit den Spielen und Büchern im Raum überbrückten, bis alle Kinder eintrafen.

Ein Kind teilte mit, dass wir nicht auf Mario warten müssten. Die Familie müsse schon jetzt abreisen, da es der behinderten Schwester nicht gut ginge.

Alle stellten sofort fest, dass die Tasche von Mario noch im Raum war.
Daran konnte die Mutter in der schwierigen Situation sicher nicht denken, und Mario ebenso nicht. Durch sein Leben war er vermutlich mit schnellen und unvorbereiteten Abschieden vertraut.
Alle wollten unbedingt, dass er seine Seminartasche bekam.
Ich stellte mich auf Bitten der Kinder mit der farblich auffälligen Tasche an den Eingang des sehr großen Hotels in der Hoffnung, Mario noch zu begegnen. Die Familie hatte ausgecheckt, niemand wusste, wo sie noch sein könnte, auch nicht, ob das Auto noch auf dem Parkplatz war.
Ich ging rasch durch die großen Essensräume, aber auch dort keine Spur von Mario und seiner Familie.

Als die Zeit drängte, ich beschließen musste, zu den anderen zurückzugehen, rannte er mir plötzlich über den Weg.
Er freute sich sehr, dass wir an seine Tasche gedacht hatten, die Mutter war erleichtert.
Ich war froh, dass ich ‚den Auftrag' erledigen konnte, die anderen Kinder ebenso.

In der nachbereitenden Post nach fünf Wochen – Fotos und Texte aus der Gruppe – habe ich den Kindern die Fußball-Karte beigelegt.
Schon wenig später bekam ich einen Brief von Mario, der sich bedankte. Es sei schön, eigene Post zu bekommen.
Er schrieb einen langen Brief voller Erlebnisse aus seinem Alltag und betonte, wie wichtig es für ihn sei, neue Freunde kennenzulernen.

Man kann immer wieder von vorne anfangen …

Maria

Besonders verschlungen

Bei jeder Regelmäßigkeit gibt es Ausnahmen, die noch einmal andere besondere Sichtweisen auf ‚Verschlungenes' notwendig machen. Jede einzelne Situation ist ganz individuell zu sehen

Wer bin ich für meine Geschwister in unserer Familie?
An wem kann, soll, muss ich mich orientieren?
oder
Wie besonders ist besonders?
Ab wann darf ich besonders sein?

Ich möchte folgende Lebenssituationen, die uns in der Begleitung von Familien besonders herausfordern, nicht unerwähnt lassen, aber auch keine Vorschläge für Antworten machen. Sie sollen als Anfragen wahrgenommen werden, um in der Begegnung mit Kindern aufkommende Fragen noch anders formulieren zu können.

Immer wieder begegnen uns Kinder, deren Familiensituation so individuell und außergewöhnlich ist, dass sie aus vielen möglichen Zusammenhängen, Einordnungen herausfallen.
Auch sie sehen ihre Familien als ihre normale Familie.
Sie haben zusätzliche Fragestellungen, komplexe Auseinandersetzungen und Themen, die sie erst einmal lange mit sich selbst austragen, um sie dann doch in die Gruppe einzubringen.

Elemente ihrer Fragestellungen – wie sehen mich eigentlich meine Geschwister, wie bin ich für sie? – finden sich in allen Auseinandersetzungen von Geschwistern von Kindern mit Behinderung.
Ich möchte diese Lebenssituationen nicht unerwähnt lassen, auch um diesen Menschen einen Weg zu eröffnen, dass ihre Fragen aufmerksam gehört werden.
Oft sind es die Wege, die es zu eröffnen gilt, damit in der Familie das besprochen werden kann, was diese Kinder umtreibt.

„Ich bin in meiner Familie besonders, weil ich keine Behinderung habe“, erzählt Peter, acht Jahre. „Meine Eltern haben vor meiner Geburt zwei Kinder mit Behinderung adoptiert. Ich bin ja hier wegen meiner Geschwister. Ich frage mich, wie das für sie ist, dass es mich gibt.
Kann ich sie das eigentlich mal fragen? Ich traue mich das nicht wirklich. Meine Eltern möchte ich gerne fragen, warum sie die Kinder mit Behinderung adoptiert haben. Das sind meine Geschwister, ich kenne sie nicht anders. Ich kenne ihre Geschichte. Sie wissen auch, dass sie adoptiert sind. Wie empfinden sie mich?“

In einem anderen Seminar erzählt Stefanie: „Ich bin 11 Jahre und seit 3 Jahren haben meine Eltern ein Pflegenest für Kinder mit Behinderung. Das ist ihr Beruf. Ich sehe die Kinder als meine Geschwister. Aber wie ist das für sie?“

„Ich bin der Einzige in unserer Familie, der alles kann“, sagt Paul, 12 Jahre. „Meine Eltern haben eine Körperbehinderung und mein Bruder ist geistig behindert. Ich helfe, wo ich kann. Ich mache das gerne. Meine Eltern sagen mir auch, dass ich alles machen darf, wozu ich Lust habe, auch wenn sie das nicht können. Aber irgendwie habe ich auf solche Sportarten auch keine Lust.“

„Wenn meine Eltern ausschlafen wollen, passe ich auf meine kleine Schwester auf“, erzählt Tim, acht Jahre, „das ist meist am Samstag. Da muss ich dann leider auch früh aufstehen, meine Schwester ist erst zwei Jahre. Sie spricht nicht, wir wissen nicht warum. Aber meine Eltern müssen beide arbeiten, und ich kann das ja auch schon. Wir können dann Dinge machen, die mit unseren Eltern nicht gehen, denn Papa und Mama sind blind.“

„Ich habe zwei behinderte Geschwister. Mein älterer Bruder kann nicht lesen, mein jüngerer Bruder nicht sprechen“, erzählt Sebastian, neun Jahre, stotternd. Das Stottern verliert sich während der Zeit des Seminars. Als die Geschwister ihn abholen, erkennen alle, dass sie dasselbe Syndrom haben. Nur Sebastian ist nicht behindert.
Stottert er, um sich damit nicht zu sehr von seinen Geschwistern zu unterscheiden?
Offensichtlich braucht er es in anderen Umfeldern seines Lebens nicht.

„Ich bin der Mittlere in meiner Familie“, sagt Timo, zehn Jahre. „Mein älterer Bruder ist behindert. Meine Eltern haben sich beraten lassen und dann bin ich auf die Welt gekommen.
Sie wollten ein weiteres Kind. Mein jüngerer Bruder hat dieselbe Behinderung wie mein älterer Bruder. Das ist doch merkwürdig. Wir mögen ihn alle sehr. Ich habe manchmal ein schlechtes Gewissen ihnen gegenüber, weil ich diese Behinderung nicht habe.“

Wie könnten Antworten auf derart verschlungen gestellte Fragen aussehen?
Auf jeden Fall ist den Geschwistern Mut zu machen, ihre eigenen Entwicklungsmöglichkeiten zu nutzen, sich über ihre Fähigkeiten zu freuen. Das wollen sicher auch die Eltern und Geschwister selbst, aber es ist eine große Leistung, das neben den Geschwistern mit Behinderung zu tun, ohne sich schuldig zu fühlen, ohne sich für sie besonders verantwortlich zu fühlen.
Die Frage ‚Wie empfinden mich meine Geschwister?‘ stellen sich alle Geschwister, leiden mitunter darunter, dass sie das nie erfahren können. „Ich würde gerne wissen, ob ich für Moritz (Autist) eine gute Schwester bin“, sagt Pauline, 15 Jahre.
„Er wird mir das nicht sagen können, ich werde es nie erfahren, wie er mich empfindet. Ich hoffe, dass er spürt, dass ich eine gute Schwester sein will – vielleicht kommt das ja bei ihm an.“

Die ‚Besonderheit', nicht behindert zu sein, ist anders zu bewerten, gewichtiger in einer Lebenssituation, in der es ausschließlich ein nicht behindertes Kind gibt und mehrere Geschwister mit Behinderung. Das gilt auch für Zwillinge, von denen ein Kind eine Behinderung hat.
Auch bei Drillingen und Vierlingen sind uns diese Geschwisterkonstellationen mit ihren besonderen Fragen auf Geschwisterseminaren begegnet.
Ein Vierling stellte seine ‚doppelt besondere' Lebenssituation so vor: „Wir sind Vierlinge, alle besuchen eine andere Schule."
Erst durch Nachfragen ergab sich seine besondere Situation als Einziger, der keine Behinderung hat.
„Ich schulde meinen Schwestern eine besondere Zuwendung, denn ich bin der Einzige, der von uns dreien keine Behinderung hat." Adam, 15 Jahre

Wie kann ich zu meinen Geschwistern dazugehören?

„Ich habe nur einen IQ unter 100, meine Brüder sind beide hochbegabte Autisten. Ich werde mich anstrengen." Max, 10 Jahre.
„Ich bin adoptiert und habe eine andere Hautfarbe als meine behinderte Schwester. Was soll sie von mir denken?", fragt Friederike, 11 Jahre. „Soll ich ihr sagen, dass ich nichts dafür kann? Ich bin froh, in der Familie zu sein, es war nicht meine Entscheidung, adoptiert zu werden."

„Ich bin ein ausgesuchtes Kind. Meine Eltern wollten mich in der Familie haben. Meine ältere Schwester ist behindert und nicht adoptiert. Haben sich meine Eltern das auch aussuchen können?“

„Meine Schwester ist in ein Heim gekommen. Da kann man sich besser auf ihre Behinderung einstellen, sie bekommt bei ihren ständigen Anfällen schneller Hilfe als bei uns zu Hause.
Das war alles zu schwierig für meine Eltern.
Ich bin hochbegabt und schwierig, sagen meine Lehrer und meine Eltern auch. So richtig komme ich mit anderen Menschen nicht klar. Wann geben sie mich weg, weil ich für sie auch zu schwierig bin?“
(Fabian, 10 Jahre)

Sich verändernde Lebenssituationen erschweren die Orientierung eines Kindes.
Mit den Auszügen aus den Worten eines Vaters soll in der Geschichte von Mirko ein Beispiel für viele dieser umfassenden Fragestellungen aufgezeigt werden.

„Wir haben eine sechsjährige Tochter, die im Alter von einem Jahr schwer erkrankte und seitdem gesundheitlich stark beeinträchtigt ist. Es war eine sehr lange und schwere Zeit für die ganze Familie; insbesondere für unseren Sohn, der viel verkraften und einstecken musste.
Meine Frau verbrachte damals mehrere Monate zusammen mit unserer Tochter auf einer Intensivstation

und später dann weit entfernt in einer Rehaklinik, wo unsere Tochter dann wieder die einfachsten Dinge des Lebens lernen musste.
Zu dieser Zeit war mein Sohn vier Jahre alt und alle (Kindergarten/Freunde) fanden, wie toll er diese Zeit doch ‚verkraftet' hat! Zudem muss ich vielleicht noch erwähnen, dass sich in unserem engeren familiären Umfeld noch zwei geistig behinderte Kinder befinden. Diese sind älter als mein Sohn und für ihn sind es immer die großen Geschwister gewesen.
Als mein Sohn in die Schule kam, gingen die großen Probleme los: Er konnte super toll mit Behinderten umgehen, hatte dafür aber riesige Probleme mit gleichaltrigen, gesunden Kindern.

Wir waren sehr verzweifelt und wussten nicht so recht, was wir tun sollten, bis wir dann über eine Bekannte von der Beratungsstelle Geschwisterkinder erfahren haben. Wir haben dann gleich dorthin Kontakt aufgenommen und MW unsere Sorgen und Nöte erklärt. Die Woche später sind wir dann schon mit unserem Sohn nach Bremen in die Lebenshilfe gekommen und haben uns dort mit ihr getroffen und über das Thema Geschwisterkinder gesprochen. – Und ja, alles was sie sagte, hat genau auf unseren Sohn gepasst. Endlich wussten wir auch als Eltern, was sich dahinter verbirgt und was in dem Kopf eines ‚Geschwisterkindes' alles vorgeht und wie es denkt.
Inzwischen hat unser Sohn an einigen Seminaren teilgenommen. (Der besondere Weg von Mirko wird im

kommenden Buch ausführlich beschrieben werden. Anmerkung der Redaktion)
Wir haben unserem Sohn in der schweren Zeit einmal versprochen, dass wir seinen Weg finden werden, und dank des Teams und der Geschwistergruppe hat er nun ‚seinen eigenen' Weg gefunden und er ist kaum wiederzuerkennen, denn nun kann er mit Behinderten und Nichtbehinderten gleichermaßen gut umgehen!

Geschwister, die eine eigene Diagnose haben

Eine noch anders besondere Lebenssituation entsteht in einer Familie mit einem oder mehreren Kindern mit Behinderung, wenn eines oder das nicht betroffene Kind erkrankt.
Diagnosen wie Essstörungen, Asthma, schwere Operationen zum Beispiel sind sehr ernst zu nehmen und beschäftigen dann alle Familienmitglieder. Und doch haben Geschwister oftmals das Gefühl, dass all das nicht so wichtig ist wie die Behinderung oder die Erkrankung eines Geschwisterkindes
Bei Kindern, deren Geschwister durch Transplantation eines Organs zum Beispiel die Niere eines Elternteils erhalten haben, ist die Wahrnehmung dieser Besonderheit deutlich verschärft. Ein solch lebensrettendes Organ kann ein Elternteil nur einmal spenden.
Generell führen Geschwister von transplantierten Geschwistern noch einmal eine ganz besondere Auseinandersetzung mit Lebenswerten.

Wenn in einer Familie ein Kind mit der Diagnose einer bestimmten Krankheit lebt, besteht die Möglichkeit, dass ein weiteres Kind die Anlage ebenfalls hat, die Erkrankung aber nicht ausgebrochen ist, auch nicht ausbrechen muss. Weiß ein Kind darum, sind das immer ganz außergewöhnliche Auseinandersetzungen, die es in seinem Innern führt.
Das betrifft auch die Träger und Trägerinnen einer Anlage bei Erbkrankheiten.

In einem Seminar mit Geschwistern von Kindern mit Hämophilie fragte ein Kind sofort nach der Vorstellungsrunde der Familien: „Und wer von euch selbst ist auch Konduktorin?"

Wenn der Vater in einer Familie selbst zum Beispiel Bruder einer behinderten Schwester ist, in seiner Familie auch ein Kind mit Behinderung lebt, werden komplexe Geschwisterbeziehungen erlebt, Auseinandersetzungen oftmals gleichzeitig, sozusagen parallel geführt. Eine Mutter, selbst Schwester eines Bruders mit Behinderung, hat ein Kind mit Behinderung mit einer Doppeldiagnose und muss nun vermuten, dass auch das Geschwisterkind zwar eine andere, aber auch eine Diagnose bekommt. „Drei Diagnosen für zwei Kinder ist ein bisschen viel."
Besonders verschlungen sind manchmal Geschwisterbeziehungen in Patchworkfamilien.
Wichtig ist es für den Beobachter, Begleiter die Perspektive desjenigen Kindes einzunehmen, das ‚seine'

Familie vorstellt. Als ich in einer Schulklasse die Kinder nach der Größe ihrer Familien und ihrer Geschwisterpositionen befragte, kam sofort die Frage eines Kindes: „Welche Familie meinen Sie denn – die in der Woche oder die am Wochenende?“

Ich habe eine große Achtung vor Kindern, die sich ausgezeichnet in komplexen Situationen zurechtfinden, sie beschreiben und darstellen können, wenn dabei keine Tabus ausgesprochen werden.

Die Spirale als Symbol

Die Spirale wurde in der Historie oft in bildlichen und baulichen Darstellungen als Symbol für Lebenswege und Seelenkreise des Menschen verwendet, auch in der Darstellung von Labyrinthen und Schnecken.
In dem Buch ‚Warum gerade ich? – Leben lernen in Lebenskrisen' (Verlag Vandehoeck & Ruprecht, Göttingen, 11. Auflage 2002) nutzt die Autorin, Frau Prof. Dr. Erika Schuchardt, das Symbol der Spirale, um die Bewältigung von Lebenskrisen in acht Spiralphasen zu beschreiben:

1. Ungewissheit – Was ist eigentlich los ...?
2. Gewissheit – Ja, aber das kann doch nicht sein ...?
3. Aggression – Warum gerade ich ...?
4. Verhandlung – Wenn ..., dann muss aber ...!
5. Depression – Wozu ... alles ist sinnlos?
6. Annahme – Ich erkenne jetzt erst ...!
7. Aktivität – Ich tue das ...!
8. Solidarität – Wir handeln ...!

Dabei ist es ihr wichtig, das Bild der Spirale mit ineinander übergehenden, aufsteigenden wie absteigenden, sich ineinander windenden Ringen zu beschreiben.
Somit verdeutlicht die Spirale die sich bewegende, bewegte Auseinandersetzung mit Fragestellungen und nicht ein mehr oder weniger starres Durchlaufen von festgelegten Stufen der Bewältigung, um ein Ziel zu

erreichen. Die Spirale zeigt immer Bewegung. Die Phasen, in denen Auseinandersetzungen stattfinden, können unterschiedlich lang sein, denn eine Spirale kann gedehnt werden. Sie kann immer wieder in sich zusammenfallen, zu einem Teil oder als Ganzes und von jedem erreichten Punkt aus.
In der Übertragung wird dadurch verdeutlicht, dass die Bewältigung einer Lebenskrise, die Auseinandersetzung mit einer herausfordernden Lebenssituation eigentlich nie abgeschlossen ist. Einmal an (s)einem Ziel angekommen, ist es möglich, dass sich neue Fragen stellen und die Auseinandersetzungen neu und von vorne beginnen können.
In manchen Spiralphasen der Auseinandersetzung mit Lebensthemen möchte man ausharren, sich einrichten, andere möchte man auslassen; manche Phasen sind angenehm, manche äußerst unangenehm. Die Reihenfolge kann sich ändern.

Man lernt im Prozess der Auseinandersetzung, dass sich Phasen der Bewältigung kritischer Situationen überwinden lassen, manche vielleicht auch übersprungen werden können. Man sammelt Erfahrungen durch die Krisenbewältigung und kann es immer wieder neu schaffen.

Erfahrungen auf einem Seminar mit Geschwistern

Das Symbol der Spirale ist geeignet, Kindern und Jugendlichen Prozesse, Lebenswege und Auseinander-

setzungen nahezubringen, exemplarisch die Bewältigung von Herausforderungen zu veranschaulichen.
Im Spiel mit unterschiedlich großen Spiralen können sie erfahren, was es heißt, in prozesshafter Bewegung zu sein.
Spiralen lassen sich dehnen, fallen wieder zusammen, können sich in sich wie auch in der Begegnung mit anderen verhaken und verheddern. Es gelingt, sie zu entwirren und neu mit dem Spiel zu beginnen.
Kinder und Jugendliche sind im Spiel davon fasziniert, dass immer neue Bewegungen stattfinden können. Das Auf und Ab lässt sich spielerisch erfahren.
Im Spiel lassen sich die Botschaften dieses Symbols auf das Erkennen und Erfahren von Lebensereignissen übertragen. Phasen der Verzweiflung, des Nicht-Weiter-Wissens können ein Ende haben, Phasen der Trauer lassen sich überwinden, Vergleiche und Verhandlungen mit anderen Menschen und Entwicklungen ändern sich mit der Zeit. Auseinandersetzungen mit sich selbst, in der Familie, in der Schule, mit Themen der Gesellschaft verlaufen in Prozessen, können sich beruhigen und stets neu beginnen.
Es ist wichtig dabei festzustellen, dass ein Teil der Auseinandersetzung im Innern mit sich selbst geführt wird, so wie man mit der Spirale zunächst alleine spielt.
In dieser Phase begegnet man anderen Menschen, man kann sich Ihnen gegenüber öffnen.
Es bleibt das Ziel, die Solidarität mit anderen zu erreichen, um sich nicht einsam und allein fühlen zu müs-

sen, unterstützt zu werden und unterstützen zu können. Diese Lebenserfahrung lässt manche Situation anders bewältigen, auch wenn sie schwer zu (er)tragen und auszuhalten ist.
Die Erfahrung von Solidarität, nicht allein zu sein mit seinen Gedanken und Gefühlen, schätzen Geschwister behinderter Menschen in besonderem Maß, da sie sich oftmals vor der Begegnung mit anderen Geschwistern damit sehr einsam gefühlt haben.

Deine Interessen – meine Interessen – unsere Interessen

war das Thema eines mehrtägigen Geschwisterseminars, bei dem wir die Spirale als Symbol für Prozesse unterschiedlicher Auseinandersetzungen eingesetzt haben.
Spiralen waren in verschiedenen Größen vorhanden. Es konnte durch die Wahl der Größe einer Spirale verdeutlicht und darüber diskutiert werden, welche der angesprochenen Interessen bei verschiedenen Themen jeweils im Vordergrund standen.
Unter der Überschrift ‚Deine Interessen, meine Interessen, unsere Interessen' wurden unterschiedliche Themenfelder angedacht: Ich – Du – Wir: Ich, Schwester, Bruder mit Behinderung, die ganze Familie, die Interessen jedes einzelnen Teilnehmers auf dem Seminar, der Gruppe, der Mitarbeitenden, das persönliche Interesse in der Schule im Vergleich zu anderen Interessen ebenso wie unterschiedliche Interessen und deren Wahrnehmung in der Gesellschaft.

Alle Interessen sind gleichermaßen zeitgleich vorhanden, sie existieren sozusagen parallel und erhalten je nach Thema eine unterschiedliche Gewichtung.

Bei der Vertretung und Durchsetzung einzelner Interessen kann es zu Vermischungen und Verwirrungen kommen.
Der Prozess der Entwirrung, des Abwägens von Interessen und die dadurch möglich werdende Entscheidung einer Priorität sind mühsam.
All diese Prozesse konnten den Teilnehmenden durch den Einsatz der vorhandenen Vielzahl an Spiralen gezeigt werden. Sie konnten im Spiel erfahren werden.
So konnten zum Beispiel von verschiedenen Punkten im Raum Menschen durch das Dehnen einer Spirale miteinander verbunden werden. Die mögliche Strecke war durch die jeweilige Größe der Spirale bestimmt.
Spiralen konnten ineinandergesteckt werden, die größte Spirale konnte viele der anderen umfassen.
Ein Blick durch eine Spirale zeigte, wie unterschiedlich Blickwinkel sein können.

Wie „verschlungen“ (umschlungen) manches sein kann!

Die für die Darstellung der unterschiedlichen Interessen – ich – du – wir – drei Spiralen waren in den Farben eines Regenbogens gestaltet.
Das löste Assoziationen bei den Kindern und Jugendlichen aus. Der Regenbogen verbindet Gegensätze, er entsteht nach einem Gewitter, der Regenbogen ver-

bindet Himmel und Erde, Menschen und Erinnerungen an Menschen.
Schon ohne auf ein individuelles Thema eines teilnehmenden Kindes einzugehen, war es ungeheuer spannend, in einer Gruppe von 24 Kindern und Jugendlichen zwischen 7 und 17 Jahren zu beobachten, welche Erfahrungen im Spiel und Übertragungen auf Lebensthemen aller durch die Spiralen möglich waren.

Einsatz von einzelnen Spiralen zu gewählten Themen

In der Mitte des Seminarraums war auf einem Tuch eine große Sammlung unterschiedlicher Spiralen, die die Seminargruppe sozusagen während der gesamten Zeit begleitete: große, kleine, mittlere, bunte, einfarbige, solche mit verschiedenen Mustern (Sterne, Herz, Welt, Tiere, Blumen etc), leuchtende, manche waren bewusst verheddert, ‚kaputt'.
(Anmerkung: Gerade diese Form der ‚kaputten' Spiralen konnten einige der anwesenden Kinder nicht ansehen und aushalten, reparierten sie immer wieder, machten sie ‚heil'. Andere sorgten dann für die erneute Verwirrung.
Zu beobachten war, dass die Gruppe der Kinder, die ständig etwas reparieren wollten, nicht zu den geduldigsten und denen mit viel Ausdauer gehörten. Es gehörten auch Kinder dazu, die sonst nicht sorgfältig mit dem angebotenen Material umgingen.)

Begleitendes Symbol

Jeder Teilnehmer erhielt eine mittelgroße Spirale mit einem Regenbogenmotiv und eine kleine silberne Spirale.
Im Vorfeld des Seminars hatten wir Mitarbeitende über die Grenzen des Einsatzes dieses Symbols nachgedacht. Im Spiel kann es durchaus zu Verletzungen kommen; ständiges Spielen kann ablenkend für die Beschäftigung mit dem Thema sein,

Das spielerische und gehaltvolle Umsetzen von Themen durch das Symbol der Spirale hat die Entscheidung beeinflusst, uns ebenso in die Pflicht genommen, besonders aufmerksam zu sein, Änderungen zu bedenken.
Die Erfahrungen waren ausschließlich positiv.
Die Teilnehmenden haben ihre persönlichen Spiralen anders eingesetzt als erwartet. Die großen Spiralen waren wie ein Gefäß, in dem einiges aufbewahrt werden konnte – die Seminarstifte, die kleinen Spiralen und andere Dinge aus dem Seminar.
Mit den kleineren Spiralen wurde gespielt, aber stets achteten alle darauf, dass niemand in der Nähe war, der hätte verletzt werden können.
Wichtig war allen Teilnehmenden von Beginn des Seminars an, dass sie ihre Spiralen am Ende ‚heil' mit nach Hause nehmen konnten.
Jeder schützte die eigene Spirale.

Vorstellen der Familien

Die Auswahl der in Größe, Farbe und Motiv vorhandenen Spiralen veranlasste uns auch, den kurzen Einblick in die Familiensituation mit diesem Symbol darstellen zu lassen.
Jedes Kind konnte sich aus der gesamten Sammlung die Spiralen auswählen, die es brauchte, um die Mitglieder der eigenen Familie vorzustellen. Zur Kennzeichnung gab es kleine Namensschilder: Mutter, Vater, Ich, Bruder, Schwester mit Behinderung, Bruder, Schwester, Oma, Opa – je nach Notwendigkeit und Anfrage.
Auf einen kleinen Tisch in der Mitte gestellt, konnte jedes Kind die Auswahl der Spiralen und somit die Entstehung des Familienbildes verfolgen und sehen.
Auf Wunsch der Kinder konnte das ‚Bild der Familie' im Foto festgehalten werden, mit dem eigenen Namensschild oder mit der Person selbst.
Diese persönlichen Fotos werden grundsätzlich mit der Nachbereitung nur dem jeweiligen Kind zugeschickt. Das wird im Protokoll des Seminars festgehalten und beim Zusenden der Seminarpost sorgfältig geprüft.

Es war eine äußerst beeindruckende Erfahrung, welche Auswahl an Spiralen jeder Teilnehmende traf, welche Begründung er für die Wahl anführte und seine Familie bewegend, in Bewegung vorstellte.
Im Rahmen eines Bildungsangebotes sind der Interpretation dieses zu beobachtenden Vorgangs Grenzen

gesetzt. Es darf im Prozess des Entstehens eines ‚Familienbildes' nicht nachgefragt werden. Hier wird lediglich ein kurzer Eindruck aufgenommen, auf den in weiteren Auseinandersetzungen in diesem Kontext nicht zurückgegriffen wird.

Die Verwendung des Symbols für das Erarbeiten einzelner Themen in den Arbeitsgruppen

Die Zeichnung einer Spirale diente auch als Arbeitspapier.
Die unterschiedlichen Interessen waren durch verschiedenfarbige Kopien dieser Arbeitspapiere gekennzeichnet: meine Interessen, deine Interessen, unsere Interessen oder auch mein Interesse in der Familie, das Interesse meines Bruders, meiner Schwester mit Behinderung, das Interesse der Eltern oder auch der gesamten Familie.
Von diesem Thema her machte es Sinn, die Arbeitsgruppen nach der Behinderung der Geschwister zusammenzustellen. Es macht einen Unterschied, ob ich in einer Familie mit einem schwerst mehrfachbehinderten oder lebensverkürzt erkrankten Kind lebe oder mit einem Geschwisterkind mit Down-Syndrom, das oft in Bewegung ist, ob ich zwei behinderte Geschwister habe und das einzige nichtbehinderte Kind bin oder ob ich weitere Geschwister habe, lediglich eins eine Behinderung hat.
Andere Themen – der Einsatz für die Vertretung der Interessen von Geschwistern von Kindern mit Behin-

derung und Beeinträchtigung in der Gesellschaft – erforderten eher die Zusammenstellung der Arbeitsgruppen nach Alter. Themen wie das Durchsetzen der eigenen Interessen waren oftmals in geschlechtspezifischen Gruppen besser zu erarbeiten.
Und immer wieder diente das Spiel, der Einsatz der verschiedenen Spiralen der Verdeutlichung der Arbeit an diesen speziellen Themen.

Spiralen als Symbol für Entwicklungsprozesse

In einer anderen Seminargruppe waren unterschiedliche Formen von Spiralen am Ende einer Seminarreihe das Symbol, um die eigene Entwicklung innerhalb der Seminarzeit darstellen, beschreiben zu können.
Zur Verfügung standen vier verschiedene Formen von Spiralen: eckige, Herzen, Sterne, Schmetterlinge.
Schon bei der Auswahl kam es zu Aussagen der Kinder und Jugendlichen zwischen 6 und 16 Jahren wie

eckige Spirale

- Ich entscheide mich für die eckige Spirale, denn sie ist anders, als sie auf den ersten Blick zu sein scheint.
- Ich wähle die eckige Spirale für mich, weil mein Leben viele kleine Ecken hat.
- Eine eckige Spirale ist einfach etwas Besonderes.
- Man rechnet nicht damit, dass eine Spirale auch Kanten haben kann.

Spirale in Herzform

- Das Herz erinnert mich an Menschen, die ich verloren habe.
- Das Herz steht bei mir für die Geschwistergruppe.
- Ich entscheide mich für das Herz, weil wir hier viel über das geredet haben, was wir auf dem Herzen haben.

Schmetterling

- Ich nehme den Schmetterling, weil er für Verwandlung steht. Ich habe mich hier verwandelt.
- Meine Schwester ist durch ihre Erkrankung anders geworden, daher brauche ich den Schmetterling.
- Ich habe mich verändert.
- Ich erinnere mich durch den Schmetterling an alles, was ich schon erlebt habe.

Stern

- Der Stern ist ein Teil des Sternenhimmels.
- Ein Stern leuchtet. Das gibt viele Erinnerungen.
- Ich brauche immer Licht.
- Der Stern hat große Ecken.
- Ich wähle ihn als Erinnerung an die schönen Erlebnisse in der Geschwistergruppe.
- Ich denke dabei an ein Kind, das jetzt ein Stern ist.

Das Symbol des Sterns – stellvertretend für Erinnerungen und eine Form des Seins und Leuchtens – stand für einige Kinder und Jugendlichen in Verbindung mit dem Tod eines neunjährigen Jungen, der erst wenige Wochen vorher an dem Geschwisterseminar teilgenommen hatte, bei der die Spirale das begleitende Symbol war. Justin, der am 4. Juni 2011 tödlich verunglückte, hatte gerne mit all den Spiralen gespielt und sich und sein Leben sehr genau damit beschreiben können.
Einige Kinder, Jugendliche und Mitarbeitende hatten an seiner Beerdigung teilgenommen.
Auf Wunsch der Eltern habe ich dort eine Würdigung für Justin gesprochen und dabei die Spiralen gezeigt, die ein Sinnbild für sein bewegtes Leben und seine Bewältigung aller Interessen innerhalb der Familie waren.

Justin ist für die Familie und für uns – Kinder, Jugendliche, Eltern, Mitarbeitende –, die wir ihn kannten, wie ein Stern, der leuchtet.
Und das Zitat aus dem Buch des ‚Kleinen Prinzen' von Saint-Exupéry ist für uns alle leitend in der Bewältigung der Trauer um Justin.
„Wenn du bei Nacht den Himmel anschaust, wird es dir sein, als lachten alle Sterne, weil ich auf einem von ihm wohne, weil ich auf einem von ihnen lache.
Du allein wirst Sterne haben, die lachen können!
Und wenn du dich getröstet hast – man tröstet sich immer, wirst du froh sein, mich gekannt zu haben."

Auf dem Hintergrund dieses gemeinsamen Erlebens und Aushaltens setzte sich eins der Kinder in der zu Ende gehenden Seminargruppe für das Recht eines jeden auf zwei Spiralen ein, eine als Symbol der Erinnerung und eine zur Beschreibung der eigenen Entwicklung.
Es waren auch diese Kinder, die mich davon überzeugten, die Würdigung von Justin in dieses Buch mit aufzunehmen und damit dem Wunsch der Eltern entgegenzukommen, dass Justin nie vergessen sein wird.

Die Spirale umfasst als Symbol die persönliche Entwicklung, die Erinnerung, die Verbindung zwischen Menschen, zwischen Himmel und Erde – nicht ausschließlich, aber auch für Justin.

NACHKLANG

Vater
Ich
Bruder mit
Behinderung

Für Justin, der zum Leben ansteckte

Liebe Daniela, lieber Angelo, lieber Kevin,
liebe Großeltern, Verwandte und Freunde von Justin,

Worte zu finden für eine Situation, die sprachlos macht, ist eine große Herausforderung, ebenso wie etwas beschreiben zu wollen, sollen, das unfassbar ist.
Dennoch:
Justin, du hast es verdient, dass ich es versuche.

Du warst ein Junge, der viele Worte hatte und gebrauchte in seinem Leben, der gerne mit anderen sprach, viel fragte, wissbegierig, unternehmungslustig, im umfassenden und guten Sinn neugierig war.
Du hattest einen Entdecker- und Forschergeist, wolltest viele Dinge verstehen und ihnen auf den Grund kommen.
Dabei beschäftigten dich in deinem jungen Leben schon Fragen, die andere Kinder in deinem Alter nicht haben und die manche Menschen wohl auch nie haben werden: Fragen nach dem Sinn von Leben, Fragen um Krankheit und Behinderung, um Benachteiligung, Demütigung, Erwartungen und Enttäuschungen.
Du hast dir Sorgen gemacht um deinen Bruder, deine Eltern und auch um dich selbst. Du wolltest alle so gut wie möglich unterstützen. Es sollte allen gut gehen.
Du hattest manchmal Angst, nicht alles schaffen zu können.

Ich kenne dich nicht mit allen Seiten deines Lebens, aber diese hast du mir anvertraut.
Du warst ein Mensch, dem man vertrauen konnte und der auch anderen Vertrauen schenkte.
Ehrlichkeit und Offenheit hast du dabei verlangt und überprüft.
Ständig warst du im Einsatz für das Leben, ganz im Hier und Jetzt, überzeugend, sprudelnd, überschäumend von Ideen, was du wolltest, hast du auch mit großer Ausdauer durchgesetzt.

Justin – das ist für mich der Inbegriff von Lebensbejahung, ein vom Leben begeisterter, zu begeisternder und begeisterungsfähiger Junge.

Jetzt schweigst du.
Das, was wir von dir erfahren haben und lernen können, muss wirken, ohne dass du es wiederholen kannst.

Warum? Warum musste das passieren? Warum jetzt? Warum du?
Es wird keine Antwort auf diese Fragen geben.
Wir können sie nur gemeinsam aushalten.
Wir müssen lernen, mit diesen Fragen zu leben.
Justin wird uns dabei in anderer Weise begleiten.

Justin, du hattest ein bewegtes Leben, das so jäh endete. Dein Leben und dein Tod bewegen uns alle. Bewegung kennzeichnet dein Leben, äußerlich warst du

immer in Aktion und innerlich warst du bewegt von vielen Fragen, sensibel für das Leben deiner Mitmenschen. Deine Familie war ALLES für dich.
Und deine Familie, alle, die dazugehören, haben ALLES für dich getan, damit du dich in deinem Leben angenommen und wohlfühlen konntest.
Manch schwierige Situation konnte niemand in eurem Zusammenleben verhindern. Vor diesem Tod konnte dich niemand bewahren.
Auf dem Geschwisterseminar, das du im April diesen Jahres in Hustedt besucht hast, war die Spirale ein Symbol für unsere gemeinsamen Fragen.

Deine Interessen – meine Interessen – unsere Interessen war das uns verbindende Thema.
Und für die unterschiedlichen Interessen von Menschen standen verschiedene Größen von Spiralen. Jeder besetzte sie anders, die große für sich oder für die anderen, das Wir der Gruppe, die Familie.
Eine Spirale kann in Bewegung sein.
Das Modell einer Spirale wird auch für das Bearbeiten schwieriger Lebensphasen verwendet, bei Krankheit, Behinderung, Tod. Es gibt Phasen der Verzweiflung, der Angst, des ‚Nicht-wahr-haben-Wollens', der Verhandlung, der Annahme, des Suchens nach einem Weg, mit den Herausforderungen zu leben, das Finden von Menschen, die dabei unterstützen.
Wenn wir meinen, manches geschafft zu haben, beginnt mitunter alles von vorne – wir fallen zurück.

Das können Erinnerungen sein, Tage, die uns besonders schwerfallen und so weiter – zum Beispiel dein erster Himmelgeburtstag im September, Weihnachten – alles Feste, die viel Vorfreude und Freude in dir auslösten.
Wir müssen lernen, dass es immer wieder Wege für unser Leben und in Erinnerung an dich geben kann.
Wir sind jetzt alle aufgefordert, mit der großen Herausforderung zu leben, nicht zu verzweifeln, weiterzumachen.

Auf dem Seminar gab es Spiralen mit dem Symbol des Regenbogens. Ein Regenbogen entsteht, wenn nach einem Regen, Gewitter, die Sonne scheint. Der Regenbogen ist ein Zeichen der Verbindung zwischen Erde und Himmel.
Das Lied haben wir in Hustedt oft gesungen:
Regenbogen, buntes Licht, deine Farben sind das Leben.
Gott verlässt die Erde nicht, hat ein Zeichen uns gegeben.
Justin, so verbindest du uns jetzt auch – in diesem Zeichen und auf deine ganz besondere Weise, die jeder auch noch für sich entdecken wird.
Dein Leben war bunt wie diese Farben der Spiralen.
Du hast uns eine Botschaft gegeben, hinterlassen.

Sehen wir uns die Spiralen noch einmal genau an:
Neben den großen und kleineren gibt es auch eine eckige. Dein Tod ist wie ein Gewitter, dunkel, überschattet alles. Niemand wollte heute freiwillig hier sein, ein solches Erleben nicht vorstellbar, kantig.

Da gibt es die Spirale in Schmetterlingsform. Die Raupe, deren Bestimmung der Schmetterling ist, ist auch ein Zeichen für Leben und Sterben, für die Verwandlung. Wir hoffen alle, dass es dir, Justin, dort gut geht, wo du jetzt bist.
Eine weitere Spirale hat eine Sternform.
„Du wirst immer bei uns sein!"
So leuchtest du wie ein Stern.

Wenn du bei Nacht den Himmel anschaust, wird es dir sein, als lachten alle Sterne, weil ich auf einem von ihnen wohne, weil ich auf einem von ihnen lache.
Du allein wirst Sterne haben, die lachen können!
Und wenn du dich getröstet hast – man tröstet sich immer, wirst du froh sein, mich gekannt zu haben.
(„Der kleine Prinz" von Antoine de Saint-Exupéry)

Und eine weitere Spirale hat die Form eines Herzens. Dein Leben hat unser Herz berührt. Dein Tod berührt unsere Herzen. Alles, was wir mit dir erlebt haben, werden wir immer in unseren Herzen tragen.

Geschwister und Mitarbeitende, die dich kannten, zünden eine Kerze in Regenbogenfarben an.

Auf einer Karte fand ich einen Text, den ich in Erinnerung an dich, Justin, vorlesen möchte:

Immer, wenn wir von dir erzählen,
fallen Sonnenstrahlen in unsere Seelen.
Unsere Herzen halten dich gefangen,
so, als wärest du nie gegangen.
Was bleibt, sind Liebe und Erinnerung.

Danke, Justin, dass wir dich kennenlernen durften.

Viele kleine Leute, die viele kleine Schritte tun,
können das Gesicht der Welt verändern.

Dieses Lied hast du gerne gesungen und begeistert die Bewegungen dabei mitgemacht.
Dein Gesicht, dein Sein hat die Welt verändert.
Du wirst immer in unseren Herzen sein und immer in Erinnerung bleiben.

Wir sind dir verpflichtet – du hast zum Leben angesteckt.

Büsum, 09.06.2011
Marlies Winkelheide

Ungewöhnlich?

Auf einem Seminar mit Eltern und Geschwistern – eine ungewöhnliche Gruppe, da die Kinder mit Behinderung nicht dabei sind – kommt es unmittelbar nach einer abendlichen gemeinsamen Karten-Gestaltaktion (u. a. auch Trost-Karten mit unterschiedlichen Pflastermotiven) zu einem intensiven Gespräch zwischen Eltern und Mitarbeitenden über die Erfahrungen von Geschwistern in I-Klassen (Inklusion, Integration), eine besonders aktuelle Herausforderung für Geschwister, Eltern, Lehrer, Mitschüler.
Eltern berichten über das Ringen um die Entscheidungen bei der Schul- und Klassenwahl, damit das Geschwisterkind nicht ständig in der Anforderung steht, dort für Kinder mit Behinderung und Beeinträchtigung einzuspringen, wo andere es noch nicht sehen können. Während dieses Erfahrungsaustauschs über die Rolle der Geschwister kommen immer wieder mal Kinder in den offenen Raum, aber niemand von den Erwachsenen geht über einen längeren Zeitraum in den angrenzenden, ebenso offenen Raum, in dem noch das ganze Gestaltmaterial für die Kartenaktion liegt.
Nach einiger Zeit entdecke ich beim Durchqueren des Raumes, dass einige der Kinder sämtliche vorhandene Pflaster (das war noch eine große Menge!) auf Trostkarten verarbeitet haben. Sie sind noch dabei, die Karten zu beschriften. Ich lasse sie gewähren. Später fällt mir auf, dass all die Kinder, um die es im Elterngespräch nebenan ging, die alle kürzlich erst schwierige

Erfahrungen und Entscheidungen hinter sich hatten, weitere ‚Trostkarten' gebastelt haben.
Mögen alle, die eine solche Karte bekommen, die Botschaft verstehen!

Danke sagen möchte ich allen, denen ich begegnen durfte, für das Vertrauen, das sie mir geschenkt haben, für die Gespräche, die Fragen, das Suchen, das Zulassen von Gedanken und Zusammenhängen, das Entdecken von Spuren in Lebensgeschichten.

Danken möchte ich all denen, die immer wieder Geduld mit mir haben, alle Zweifel, Unsicherheiten, Fragen und Anfragen ausgehalten haben und besonders all denen, die mich dabei unterstützt haben, durchhalten zu können.

Ich möchte weiter suchen, fragen, beobachten, aufschreiben, nachfragen, entdecken können, um mehr und mehr zu begreifen.
Und denjenigen, die sich nicht verstanden fühlen, die ich nicht richtig wiedergegeben habe, verletzt habe, ohne es zu wollen, würde ich gerne eine Trostkarte schicken wollen ...

Literatur zum Thema Geschwister
Geschwister von Kindern mit Behinderung und Beeinträchtigung, chronischen und lebenslimitierenden Erkrankungen
– Eine Auswahl –

Fachliteratur

Besonderes Glück? Hilfen für Eltern mit einem geistig behinderten Kind
Hennemann, Judith, (2011), Mabuse, Frankfurt

Bildungsarbeit mit Familien behinderter Kinder, Angebote entwickeln und durchführen
Knees, Charlotte; Winkelheide, Marlies, (2006), selbstbestimmtes leben, Düsseldorf

Die Rolle der Geschwister
Lüscher, Berit, (1997) Edition Marhold, Berlin

Geschwister – Liebe und Rivalität, Die längste Beziehung unseres Lebens
Petri, Horst, (1994), Kreuz, Zürich

Geschwister – Vorbilder, Rivalen, Vertraute
Kasten, Hartmut, (1999), E. Reinhardt Verlag, München

Geschwister behinderter Kinder, Besonderheiten, Risiken, Chancen – ein Familienratgeber
Grünziger, Eberhard, (2006), Care-Line, Neuried

Geschwisterbande, Liebe, Hass und Solidarität
Ley, Katharina, (2002), Walter, Düsseldorf-Zürich

Geschwister von Menschen mit Behinderung, Entwicklung, Risiken, Chancen
Hackenberg, Waltraud, (2008), Ernst Reinhardt Verlag, München

Leben in Patchwork-Familien, Halbschwestern, Stiefväter und wer sonst noch dazugehört
Bliersbach, Gerhard, (2007), Psychosozial Gießen

... und um mich kümmert sich keiner!
Die Situation der Geschwister behinderter und chronisch kranker Kinder
Achilles, Ilse, (2002), Ernst Reinhardt Verlag, München, Basel

Verschwistert mit Leib und Seele, Geschwisterbeziehungen gestern – heute – morgen
Klosinski, Gunther, (Hrsg.), (2000), Attempto, Tübingen

Bilderbücher (Behinderung, Anderssein)

Alles Familie! Vom Kind der neuen Freundin, vom Bruder von Papas früherer Frau und anderen Verwandten
Maxeiner, Alexandra; Kuhl, Anke, (2010), Klett-Kinderbuch, Leipzig
Davids Welt – Vom Leben mit Autismus
Müller, Dagmar; Ballhaus, Verena, (2011), Beltz, Wien

Du gehörst dazu – Das große Buch der Familien
Hofmann, Mary & Asquith, Ros, (2010), Sauerländer, Mannheim

Ein Geburtstag
Meißner-Johannknecht, Doris; Kemmler, Melanie, (2007), Bajazzo, Zürich

Florian lässt sich Zeit
Sansone, Adele, (2002), Tyrolia, Innsbruck

Hand in Hand die Welt begreifen – Ein Bildwörterbuch der Gebärdensprache
Hesselbarth, Susanne, (2010), Klett-Kinderbuch, Leipzig

Lauf, kleiner Spatz!
Anastasova, A., (2010), pro juventute, Atlantis, Zürich

Kinder- und Jugendbücher

12 Dinge, die ich noch erledigen muss, bevor die Welt untergeht
Sortland, Björn, (2003), Oetinger Hamburg

abends um 10
de Goldi, Kate, (2011), Verlag Carlsen, Hamburg

Alice im Mongolenland
Kuckero, Ulrike, (2009), Thienemann, Stuttgart

Babs und Cliff
Ebenberger, Elisabeth, (2005), Dachs-Verlag, Wien

Das ganz normale Leben der Sasha Abramowitz
Halpern, Sue, (2009), Bloomsbury, Berlin

Das goldene Labyrinth
Ress, Celia, (2002), Hanser, München- Wien

Dibs und der Delfin
Bertagna, Julie, (2002), dtv junior, München

Die erste Stimme, Ich und mein Bruder – mein Bruder und Ich
Kantor, Avram, (2008), Hanser, München-Wien

Die Hälfte des Himmels gehört Bo
Müller, Dagmar H., (2006), Thienemann, Stuttgart-Wien

Die Sache mit Finn
Kelly,Tom, (2007), Carlsen, Hamburg

Ein Apfel ist ein komischer Pfirsich
Lord, Cynthia, (2009), Sauerländer, Düsseldorf

Kleine Schwester, großes Biest
Heesen Martha, (2002), Fischer, Frankfurt

Mittwochtage oder „Nichts wie weg!", sagte Tante Hulda
Heinlein, Sylvia, (2011), Gerstenberg, Hildesheim

Paul ohne Jakob
Fox, Paula, (2001), Sauerländer, Frankfurt

Vollmondtage
Kimberly, Willis Holt, (1999), Altberliner, Berlin-München

Wie man unsterblich wird – Jede Minute zählt
Nicholls, Sally, (2008), Hanser, München

Romane

Beim Leben meiner Schwester
Picoult, Jodi, (2005), Piper, München-Zürich

Das Seh-Glas meines Bruders
Gorman, Jacquelin, (2000), Lübbe, Bergisch-Gladbach

Drei für immer
Murail, Marie-Aude, (2010), Fischer, Frankfurt

Simpel
Murail, Marie-Aude, (2007), Fischer-Schatzinsel, Frankfurt

Wunschgeflüster
Gerosa-Bellows, Melina, (2010), Knaur, München

Zerbrechlich
Picoult, Jodi, (2010), Bastei Lübbe, Köln

Geschwister selbst

Bewegte Bootschaften – Gesunde Geschwister schwerkranker Kinder zeigen ihre Welt
Steiner, Annemarie; Eulerich-Gyamerah, Sabine; Kochendörfer, Sigrid, (2003), Attempto, Tübingen

Ich neben dir – Du neben mir
Geschwister behinderter Menschen aus mehreren Generationen erzählen
Winkelheide, Marlies (Hg.), (2007), Geest-Verlag, Vechta-Langförden

andere Kulturen

Der Klang der Fremde
Thuy, Kim, (2010), Verlag Kunstmann, München

Lakota Moon
Babendererde, Antje, (2005), Arena, Würzburg

Marokko am See (Roman)
Stoffels, Karlijn, (2006), Beltz und Gelberg, Weinheim

Überlebensfeier
Hallioglu, Safinaz, (2005), Geest-Verlag, Vechta-Langförden

total verrückt
Nozière, Jean-Paul, (2006), Altberliner, Berlin-München

Wohin fahren wir, Papa?
Fournier, Jean-Louis, (2009), Deutscher Taschenbuchverlag, München

Geschwister allgemein

Die Geschwister sind los
Scheffler, Ursel; Timm, Jutta, (2009), Gabriel, Stuttgart-Wien

Kissenschlacht und Räuberleiter, Die schönsten Geschwistergeschichten zum Vorlesen
Einwohlt, Ilona (Hg.), (2009), Fischer, Frankfurt

Klar, dass Mama Anna lieber hat, Klar, dass Mama Ole lieber hat
Boie, Kirsten; Brix, Silke, (1994), Oetinger, Hamburg

Meine kleine Schwester und andere Katastrophen
Feth, Monika, (2008), cbj, München

Bücher als Möglichkeit, um über Behinderung zu sprechen, enthält diese Liste nur exemplarisch.
Auf der Suche nach Literatur zu bestimmten Fragestellungen richten Sie sich bitte an:
www.Geschwisterkinder.de

Literatur zu Janusz Korczak
Primärliteratur:

Janusz Korczak: Sämtliche Werke
(Hg.: Erich Dauzenroth / Friedhelm Beiner)
Bd. 1 – 15, Gütersloh 1996 – 2005.

Sekundärliteratur:

Auf dem Weg zur eigenen Pädagogik
Schonig, Bruno, (1999), Baltmannsweiler
„Ich vermag zu wecken, was in der Seele schlummert, aber ich kann nichts neu schaffen.“ Dimensionen pädagogischen Könnens bei Janusz Korczak
Stender, Carola, (2008), Logos, Berlin

Das Recht des Kindes auf Achtung – Fröhliche Pädagogik
Beiner, Friedhelm (Hg.), (2007), Gütersloh

Ein Leben für Kinder: Janusz Korczak. Leben und Werk
Dauzenroth, Erich, (2002), Gütersloh

Janusz Korczak – ein Held der Kinder
Bogacki, Tomek, (2010), Kneesebeck, München

Einiges, das ich sonst noch in eine Bücherkiste zu einem Seminarangebot packe
(Im nächsten Buch wird ausführlich über den Einsatz von Büchern in der Seminaren berichtet.)

Alles hat seine Zeit
Daly, Jude, (2006), Gabriel, Stuttgart-Wien

Der beste Vater der Welt, Kindern Psychose erklären
Tröstmann, Kerstin; Jahn, Rolf, (2009), Balance, Bonn

Der Besuch vom kleinen Tod
Crowther, Kitty, (2011), Carlsen, Hamburg

Es gibt so Tage ...
Janisch, Heinz; Bansch, Helga, (2001), Jungbrunnen, Wien

Flaschenpost nach irgendwo, Ein Kinderfachbuch für Kinder suchtkranker Eltern
Homeier, Schirin; Schrappe, Andreas, (2009), Mabuse, Frankfurt a. M.

Gefühle sind wie Farben
Aliki, (1994), Beltz & Gelberg, Weinheim

Jeder Tag hat eine Farbe
Dr. Seuss, (1996), Bertelsmann, München

Jolante sucht Crisula, die Geschichte einer unendlichen Freundschaft
Loth, Sebastian, (2010), NordSüd, Zürich

Keine Angst, Lilly!
Hahn, Gerhard; Wüstefeld, Sascha, (2009), Freude, Berlin

Mamas Monster
v. Mosch, Erdmute, (2009), Balance, Bonn

Matti macht sich Sorgen
Browne, Anthony, (2006), Lappan, Oldenburg

Meine Mama nur für mich
Stern, Uta Charlotte; Tophoven, Manfred, (2009), Annette Betz, München-Wien

Mit Kindern redet ja keiner
Boie, Kirsten, (2006), Fischer, Frankfurt a. M.

Sonnige Traurigtage
Homeier, Schirin, (2006), Mabuse, Frankfurt a. M.

Warum ich bin, wie ich bin
deutsche Ausgabe, (2004), Dorlin Kindersley, London

Was, wenn es nur so aussieht, als wäre ich da?
Brenifier, Oscar; Després, Jacques; Bolz, Norbert, (2011), Gabriel, Stuttgart-Wien

Welche Farbe hat die Freundschaft?
Scheffler, Ursel; Lieffering, Jan, (2005), Gabriel, München-Wien

Wenn ich mir was wünschen könnte
Hohler, Franz; Berner, Rotraut S., (2000), Hanser, München-Wien

Adressen im Internet

www.Geschwisterkinder.de

Beratungsstelle Geschwisterkinder
der Lebenshilfe Bremen e.V. und
der Lebenshilfe Osterholz
www.lebenshilfe-bremen.de
www.lebenshilfe-ohz.de
www.initiative-familienbande.de

Marlies Winkelheide,

Dipl. Sozialwissenschaftlerin, Jahrgang 1948, seit mehr als 25 Jahren Erfahrung in der Begleitung von Geschwisterkindern, für die sie gemeinsam mit Charlotte Knees eigene Angebotsformen entwickelt hat. Sie arbeitet freiberuflich, seit 2005 ist sie zudem in der Beratungsstelle Geschwisterkinder der Lebenshilfe Bremen e. V. tätig.
Das ebenfalls im Geest-Verlag erschienenen Bücher
‚Ich neben dir - du neben mir' (ISBN 978-3-86685-045-3)
‚Ich suche meinen Weg' (ISBN 978-3-86685-199-3)
sind mittlerweile in zahlreichen Auflagen erschienen, und gehören zu den Standardwerken bei der Arbeit mit Geschwisterkindern.